耶胡迪·梅纽因（Yehudi Menuhin，1916—1999）

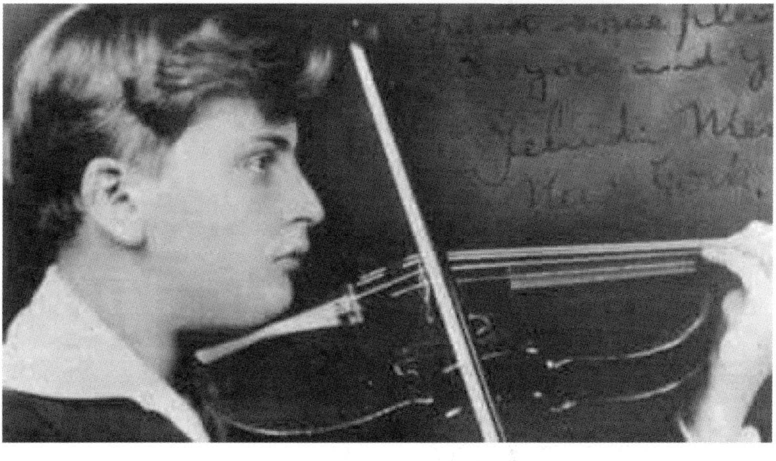

少年时代的梅纽因

演奏中的梅纽因

1937 年的梅纽因

梅纽因与埃尔加

梅纽因与埃乃斯库

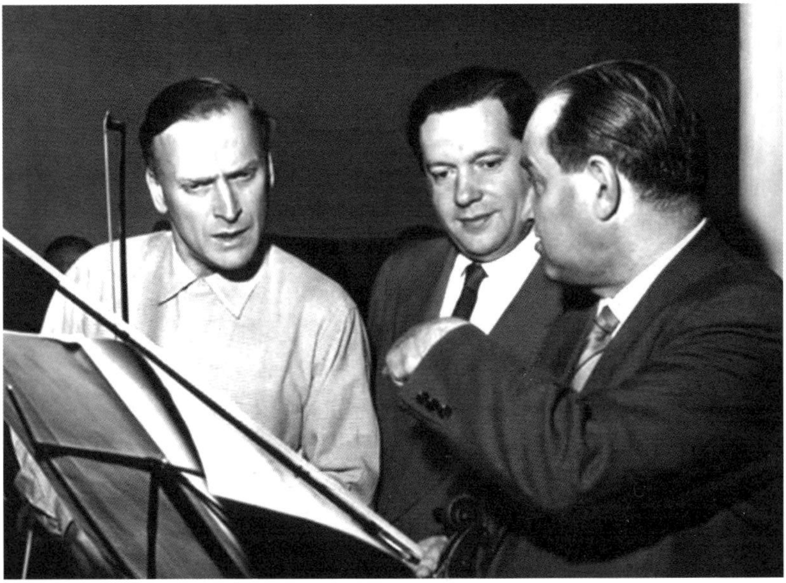

三巨头，梅纽因、格里米欧与大卫·奥伊斯特拉赫

梅纽因与格伦·古尔德

梅纽因与拉维·香卡

梅纽因与妻子黛安娜

终生伴侣

梅纽因与妹妹赫芙奇芭

梅纽因与家人在一起

梅纽因学校开学首日，梅纽因与师生们在一起

摇篮曲

大师梅纽因

梅纽因访谈录

大卫·杜波 著 曹利群 译
David Dubal

Conversations with Menuhin

漓江出版社
桂林

图书在版编目(CIP)数据

梅纽因访谈录 / (美) 大卫·杜波 著; 曹利群 译.—桂林:漓江出版社, 2017.9
书名原文: Conversations with Menuhin
ISBN 978-7-5407-8142-2

Ⅰ. ①梅… Ⅱ. ①大… ②曹… Ⅲ. ①梅纽因(Menuhin, Yehudi 1916-1999)-访问记 Ⅳ. ①K837.125.76

中国版本图书馆 CIP 数据核字(2017)第 147156 号

出版统筹:吴晓妮
责任编辑:叶　子
内文排版:姜政宏
封面设计:李诗彤

出版人:刘迪才
漓江出版社有限公司出版发行
广西桂林市南环路 22 号　邮政编码:541002
网址:http://www.lijiangbook.com
全国新华书店经销
销售热线:0773-2583322

北京汇瑞嘉合文化发展有限公司
(北京市经济技术开发区荣华南路 10 号院　邮政编码:100176)
开本:880mm×1 230mm　1/32
印张:6.75　插页:8　字数:135 千字
2017 年 9 月第 1 版　2017 年 9 月第 1 次印刷
定价:35.00 元

如发现印装质量问题,影响阅读,请与承印单位联系调换。
(电话:010-67817768)

目 录

前　言

一个冬天的早晨，我坐在 WNCN 广播电台的办公桌前，为一天的工作做准备。就在这时，我一眼看到一叠没有放回架子的唱片，最上边的一张是埃尔加的小提琴协奏曲，由耶胡迪·梅纽因演奏，博尔特[1]指挥。记忆中这个演奏非常出色，我已经有一段时间没有听过它了。当时的心情正好适合听这种音乐。乐声响起时，我一下子沉醉于梅纽因那天使般的慢乐章演奏中。那种令人着魔而又具有浪漫激情的演奏正是梅纽因的拿手好戏。

一阵令人讨厌的电话铃声把我从美妙的幻境中唤醒。电话里清亮的嗓音是安吉莱斯·布鲁诺，纽约最出色的音乐节目策划人。

1　博尔特（Sir Adrian Boult, 1889—1983）：英国指挥家。——原书注。（本文脚注未加特别说明的皆为原书注。）

她说:“大卫,你有兴趣和耶胡迪·梅纽因谈谈吗?他星期四来纽约,想跟你聊聊。说不定你可以采访他一下,做个节目?”

我忘了告诉安吉莱斯我正在听梅纽因的唱片,竟然脱口说:“安吉莱斯,星期四我没时间,我忙得要命。”

“那太遗憾了,”她的话里充满了沮丧,用行里人的口吻说,“也许我们可以另外安排一个机会。”

当我转身去调高唱机的音量时,梅纽因的慢板就要演奏完了。波德莱尔的一段话一下跳入我的脑海:“突然间,帕格尼尼狂烈的琴弓奏出的那种颤音,慢慢地消融在空中。”不知怎么的,这突如其来的片言只语让我如梦方醒,我自言自语道:“梅纽因星期四要到这儿来,而我竟然没有时间和他谈话?”

我飞快地拨通了安吉莱斯的电话,让她星期四带梅纽因来。她十分高兴地说:“他会从机场直接过来,两点钟到。”

星期四那天,所有的工作人员都很兴奋。虽说许多音乐界的名人都到电台来过,但梅纽因是一个传奇人物,每个人都想跟他握握手。

梅纽因来得非常准时。他是一个谦恭有礼的人,丝毫没有露出长途飞行后的疲倦。采访前他欣然满足了大家的要求,在唱片的册页上题字(也许是第一百万次给人签名),拍各种照片,所有这些都带着一些不经意的优雅和温厚的耐心。

然后,我们进入录音室进行采访。通常,这类采访只要一个多小时就够了,不过是做一个带音乐的专题节目。可当一个小时过去后,我才意识到眼前的采访绝不是一次普通的采访。一小时变成了两小时,很快又是三个小时,最后成了五个小时。很少碰上这种情况,一位音乐家天生擅长表达思想,就像表达音乐一样自然。在那几个钟头里,只有寥寥几个工作人员待在我们身后的录音室里听他谈话。我专注地听着,不时提出些问题,以便把谈话继续下去。

在长时间的采访中,梅纽因一直没有离开他的座位。我们为他准备了一些乳酸菌饮料,但他几乎没有动过。他很健谈,对他来说,讲述自己的观点和想法似乎是很重要的事。他愿意表露自己的真性情,甚至把这当作自己的责任。五个小时过去了,他竟然没有丝毫的倦意。

随后,我邀请他一起去吃饭,但他婉拒了。他说要去下榻的宾馆给妻子黛安娜打电话,也许她在挂念他。他对这次访谈相当满意,连声称道:"你真是我的鲍斯威尔[1],竟然让你发掘出那么多东西,差不多都是新材料。也许我们应该为这次访谈出一本书。"这句话便成了现在这本书的起因。尽管他的日程总是安排得满满的,但那以后,我们还是安排了访谈的时间,不断继续着我们的话题。在整整三年的时间里,我们在各种各样的场合会面,有时只有一个小时,会面或是在华盛顿、纽约的饭店里,或是在大都会剧场前排的观众席上。

梅纽因的人生旅程是不平凡的,就像魔毯上的阿拉丁神灯,他用自己的小提琴做"飞毯",走遍了世界各地。他摆弄起手里的乐器来让人着迷,也让人感动。崇拜他的人之多也许超过了世界上任何其他小提琴家的崇拜者。他的演奏已经成为具有纪念意义的事件,他的名字家喻户晓,妇孺皆知。很少有人能够像他那样,既顺利地度过童年时期,又在成年以后取得巨大的成

---

1 鲍斯威尔(Boswell, 1740—1795):苏格兰传记作家。

功。他善于表现自我,面部表情总是那么得体,看上去有一种虔诚的感召力,在公众面前总是表现出19世纪的气质,让人联想到他是个浪漫的、具有精神领袖风范的伟大的音乐家。

在纳粹德国的恐怖时期,艺术抵挡住了其声誉所无法忍受的衰落。我们都懂得,一个艺术家并无回天之力,大家也都遭受过或许是由于失去了天真质朴而造成的痛苦。然而,作为人类的杰出代表,艺术家所具有的理想主义观念是值得骄傲和令人鼓舞的。作为人类大家庭中的一员,难道我们不为达·芬奇、米开朗琪罗、贝多芬和其他艺术巨匠感到骄傲吗?难道那些艺术家不正是人类历史的一面不同凡响的镜子吗?今天,那些具有远见卓识和人道主义情怀的、代表公众的伟大艺术家越来越少了,而梅纽因则是具有这种优秀品质的伟大音乐家。他激励人们疗救心灵的创伤,唤起人们的艺术精神。他获得了一种哲学的境界,这种境界孕育出李斯特、布索尼、帕德雷夫斯基[1]、施威策[2],以及埃乃斯库[3]。

梅纽因的艺术不是自私的饕餮之徒,而是现实生活的一部分。他对音乐有着无穷无尽的探索精神,在演奏上有着孜孜不倦的渴望;对于他来说,音乐是一种纯粹的爱。梅纽因是那种与程式化对立的艺术家的化身,至少是"半疯狂"的艺术家,同时他又证明,艺术家并不需要神经质。实际上,艺术只有作为健康人

---

1 帕德雷夫斯基(Paderewski, 1860—1941):波兰钢琴家、作曲家、政治家。

2 施威策(Albert Schweitzer, 1875—1965):旧译史怀哲,法国阿尔萨斯的神学家、医生传教士、管风琴家和音乐史家。——译者注

3 埃乃斯库(George Enescu, 1881—1955):罗马尼亚小提琴家,作曲家,指挥家。——编者注

格的一部分,才能令人慑服。梅纽因是一个人格健全的人,正因为这样,他才显得卓越高尚,才会取得世界性的成功。他很在意自己的物质存在,也看重对周围的人的道德责任,不论是音乐会的听众还是自己的家人。他痛切地感觉到,我们生存的这个世界正在四分五裂、每况愈下。

梅纽因还掌握了最关键的秘诀,就是如何利用时间。他的时间之轮转得比谁都快,他的生命绝不仅仅是75岁。只有最真诚的人才能取得这样辉煌的成就。如此,他才能播下许多种子。正如杜瑞尔(Laurence Durrell)所说:“梅纽因热诚地代表了人的高尚的一面,而羞于摆出一副不冷不热的架势。从没有像他那样的社会名流,尽量满足人们如此繁多的要求而不计回报,各种各样的活动占满了他空余的时间。”

梅纽因有着永不疲倦的好奇心。正如他所说:“我想要了解世界上的每一种现象。”格伦·古尔德曾建议梅纽因去访问“加拿大北极圈的边民聚集地”。古尔德写道:“我毫不怀疑,他回来时将会带着一大堆人种学图表、爱斯基摩语速记法改进系统概要,以及详细记述贫瘠地区驯鹿营养不足的讲义稿。”

当然,梅纽因的名字将作为小提琴大师而存在,他大量的唱片和录音已成为小提琴艺术宝库中的一部分。作为一个阐释者,他有一种罕见的天赋,能够把自己完全投入到作品中并在指间表达出来,借此能够联系听众,使他们成为演出的一部分。布朗热[1]曾这样描绘梅纽因的独奏音乐会:“这是一场非常出色的音乐会。他多次返场,最后的曲目是勃拉姆斯的D小调奏鸣曲

1 布朗热(Nadia Boulanger, 1887—1979):法国作曲家、指挥家。

的慢乐章。你简直不知道发生了什么,有些段落的完美是无法描述的。所有在场的人都被一种同样的情绪紧紧地抓住,现场产生了不同寻常的沉寂。每个人都领悟到了,感受到了,无不为之动情,无不深入到梅纽因的情感世界之中……"

梅纽因从童年起就具备这样一种素质。甚至就在那时,他的演奏就远远超过了成年人的理解。这是一种与生俱来的单纯(至今完好无损),爱因斯坦因之而宣称:看见了孩子,他才知道有上帝。

我不能不说说其他人的赞美之词。斯坦纳(George Steiner)这样说:"任何人都可以感受到梅纽因的灿烂光芒,不仅是他身边的人,也包括坐在音乐厅最后一排的观众们。他那和蔼可亲的仪表,简朴高雅的举止,都是演出成功的重要因素。然而,音乐的力度有赖于深刻的表达。对于音乐的阐释,梅纽因既能呈现出作品的原意,又能成为作品的化身。听他独奏巴托克的奏鸣曲,或是演奏埃尔加的协奏曲,哪怕是坐在很远的距离,或是听一张老旧的唱片,也会让人诧异,那种特殊的亲近感一下子就能抓住你,从而体现他的完美的风度。这种风度带着一个高尚的灵魂与这个世界偶然相遇。"

75 岁的梅纽因身体好得出奇,虽说有些消瘦,穿着却是整齐高雅;举止文质彬彬却从不傲慢待人;嗓音亲切和蔼,令人愉快;风度翩翩而极具感染力。他总是毫不拘束地表达自己,也能热诚地倾听别人的诉说。对他来说,对那些外表略带高傲的人屈尊俯就是根本不可能的。他可以自由地进入各种话题,随心所欲,从容不迫。

梅纽因与夫人在一起的时候是最幸福的。他的妻子黛安娜睿智、健谈，光彩照人。在与她的交谈中，梅纽因的话语总是丝丝入扣。与梅纽因夫妇共同进餐是最令人愉快的事，他们的世界充满了天然的宏阔和静谧的活力，这在我的经历中是绝无仅有的。

75岁的梅纽因精力充沛，他以旺盛的生命力不断地为这个世界贡献着一切。他永远是生活的主人，对他来说，随波逐流是难以想象的。

为他75岁寿辰谨献上我的这本小册子。

大卫·杜波

科普兰、伯恩斯坦、劳伦斯·奥利维耶爵士与梅纽因

梅纽因与克莱斯勒

梅纽因与妹妹赫芙奇芭

梅纽因兄妹

梅纽因与大卫·奥伊斯特拉赫

梅纽因与本杰明·布里顿

梅纽因与波兰作曲家、指挥家 Andrzej Panufnik（右）合作演出

音乐与音乐家

杜波：究竟是什么使巴赫的音乐给人以超凡入圣的感觉？毫无疑问，他的音乐超越了他那宏大的音乐逻辑。

梅纽因：巴赫是神秘的，他同上帝的恩赐、宇宙的神明，以及超自然的无限感联系在一起。这是一种只有巴赫才能创造的境界。

杜波：你认为巴赫是有意识地感知到这种"神赐的境界"？

梅纽因：他只是非常虔诚而已，他是个信徒。

杜波：你的话让我想起一件事。有人问海顿，为什么他的弥撒曲如此令人欢悦，差不多可说是风趣，海顿回答说："因为每当我想到上帝，我总能感觉到无法言说的幸福。"歌德听到这件逸事时，眼泪止不住顺着脸颊淌下来。

梅纽因：我想，今天我们也能成为有信仰的人，但却不必遵从任何教会严苛的教义。我们仍然能够拥有那种宗教的情感。是什么感动了我们？是巴赫音乐中的庄严、充实与平衡感动了我们，而不仅仅是结构或是数学的因素，因为结构也是一种冷冰冰的数学。这是一种完美的心智与情感的平衡，并非巴赫时代才有这种说法。他代表了我们更伟大的情感与心智，使我们与自己的同伴团结在一起，而不是与我们的同伴相互分离。

杜波:我很喜欢你和肯普夫[1]录制的贝多芬的唱片,他是个很难得的纯粹的艺术家。

梅纽因:噢,是的是的,的确是这样。在所有和我合作过的钢琴家中,他在感情上离贝多芬最近。那种感觉就像贝多芬是他的一个老朋友似的。他可能稍微放得开一点儿,于是贝多芬对他说,"噢,那样很好,就这么做下去,我的朋友"。在对贝多芬作品的处理中,他有一种亲密感,这一点十分明显。那是许多年轻人所缺乏的一种自信,他们尊敬崇拜贝多芬并没有错,但他们不知道怎么像对待一个活着的朋友那样对待贝多芬。

杜波:他们是在解剖他。

梅纽因:是的,说得没错。换句话说,虽然他们演奏得非常优美,音色也很好,指法什么的也很利落,但这并没有什么意义。只有像肯普夫那样把自己的生命同贝多芬联系在一起,你所表达的一切才能具有真正的意义。

杜波:后来成为你的连襟的肯特纳[2],那位著名的钢琴家曾经说过,贝多芬是人类文明史上最伟大的艺术家。那么对你来说贝多芬意味着什么?他超越了巴赫,超过了莫扎特?

梅纽因:当然,作这种比较实在是太困难了。我想我理解贝多芬,特别是他的奏鸣曲和交响曲。然而我更想了解他那些晚期弦乐四重奏。那是一个特殊的世界,在那些晚期四重奏中有贝多芬成长的道路。也许50年前,我的态度会毫不犹豫,我会说,贝多芬对我来说超过了其他任何一位作曲家。但生活给我

---

1 肯普夫(Wilhelm Kempff,1895—1991):德国钢琴家。

2 肯特纳(Louis Kentner,1905—1987):英国钢琴家,生于匈牙利。——译者注

带来了其他各种各样的音乐，伟大的作品和伟大的作曲家。我不必把他们放到同一水平上去比较，我的生活中不能没有他们。不能没有巴托克、莫扎特和巴赫，以及舒伯特或是许许多多别的作曲家。

杜波：你怎么看待贝多芬与小提琴的关系？我们已经了解了他和钢琴的许多情况。

梅纽因：我认为他基本上是一个钢琴作曲家。

杜波：通常钢琴家们会认为，贝多芬不是个很好的钢琴家。那么在小提琴方面呢？怎样理解他的小提琴协奏曲和十首奏鸣曲的创作呢？

梅纽因：这些作品并不难处理，但它们首先是音乐，小提琴演奏技巧在其次。我发现贝多芬的音乐比其他音乐家的作品更具有象征意味。换句话说，它不是以形象取胜，而是每时每刻给人以启迪——通过象征手法，我觉得乐曲就不只是听上去很相似的音阶和琶音。

杜波：实话说，就像车尔尼[1]写的练习曲。

梅纽因：确实如此。除非你能在这些谱例中发现精神上和象征性的含义，否则你就会不得要领。

杜波：我知道你在情感上更接近勃拉姆斯。

梅纽因：埃乃斯库非常喜爱勃拉姆斯。因为勃拉姆斯是他那个时代最有教养的音乐家。他从不赶时髦。他属于后浪漫

1 车尔尼（Karl Czerny，1791—1857）：生于奥地利的钢琴家、作曲家，毕生献身于教学。

派,不断地把智慧的力量注入到奏鸣曲的形式中。他有一种特别温暖而敏感的情怀。我想他一定很爱孩子,我这样说是因为他的温情中有一种难以言表的特质。

杜波:你说的真有意思,因为勃拉姆斯与大人相处的时候往往是急躁粗鲁的,但是和孩子们在一起时,他就像个小猫咪;在维也纳的大街上,他常常从衣服的大口袋中掏出糖果给孩子们吃。

梅纽因:噢,这些事我还真不知道。我是用感情去体会他的音乐的。他是那种具有一切伟大而善良的情感的人,也许不太擅长在音乐之外把这些情感表达出来。

杜波:也许你听说过一件事,勃拉姆斯在离开一个聚会的时候,站在门口对在场的人说,“今晚如果我对谁无礼了,在此谨致歉意”。他是个非常敏感的人,但他有最真挚的友情。他给克拉拉·舒曼的那些信称得上是精神的财富。有一封信记录了他与舒曼在一起共同度过的一个下午,是在一所精神病院,那种场面凄惨不堪,让人感动。

梅纽因:他的音乐中充满了壮丽、高贵与神秘。我喜爱他的两首管弦乐队小夜曲,最近,我怀着非常喜悦的心情指挥过这两首作品。无论我了解勃拉姆斯有多少,至少他的三重奏、奏鸣曲、四重奏和协奏曲,都笼罩在北部德国的那种氛围中。在那里,一切事物都在烟笼雾遮之中。这是一种伟大的神秘感。当然,本性善良但性情狂暴的勃拉姆斯也会显示出平易近人的特征。

杜波:他在许多方面触及人性。

梅纽因:勃拉姆斯在追求完美方面也是不同寻常的,凡是他感觉不是一流水准的作品都付之一炬了。

杜波:你知道勋伯格曾在1947年写过一篇著名的文章,题目叫作《改革者勃拉姆斯》,差不多长达50页。文章揭示了勃拉姆斯思想中许多不同凡响之处,特别是他作品的不对称结构。

梅纽因:我不记得那篇文章了,但是我肯定读过。长期以来,勃拉姆斯的音乐结构都被认为是一种稳固的拱形结构。因为在他那个时代,提倡改革的音乐都是"未来的音乐",其代表人物有李斯特、瓦格纳,以及稍后的理查·施特劳斯。

杜波:他们都是那个时代的音乐巨匠,在他们活着的时候就常常被人提起。

梅纽因:是的,特别是瓦格纳,他在一种可能是最长的曲式中描述了人的渴望。在他的音乐语言中有一种连续不断的质素,它们持续发展,而后进入到一种无限的迷狂状态。最近我指挥过他的《齐格弗里德的牧歌》,乐曲本身就是持续不断的。你知道,我指挥过的第一首作品就是《纽伦堡的名歌手》序曲。

杜波:坦率地说,19世纪的许多音乐从本质上说带有情欲意味,而莫扎特、巴赫却让人感到恬静,普塞尔[1]、帕勒斯特里纳[2]给人以纯洁感。但是从肖邦、李斯特、瓦格纳到德彪西,他们的音乐悸动不安,许多作品都表现出如痴如醉的迷狂。毫无疑问,这正是观众所需要的。布索尼曾疑惑地说:"为什么法国人对柏辽兹装聋作哑,同时又把在各种趣味上与他们大相径庭的瓦格纳奉若神明?"他说,他敢肯定原因在于"柏辽兹的音乐,尤其是

---

1 普塞尔(Daniel Purcell,1663—1717):英国管风琴家、作曲家。

2 帕勒斯特里纳(Palestrina,约1525—1594):意大利作曲家。

他的音乐的纯洁性。自从1830年以后,大多数音乐家不得不变得色情起来,无论是《特里斯坦与伊索尔德》,还是那些轻歌剧。瓦格纳的音乐是色情的,是不动声色的情欲,干脆说是淫乱和猥亵的。这也可以解释为什么人们可以容忍他的没完没了。功效是迅疾的,而情欲是延宕的”。

梅纽因:简直太有趣了。许多人都想过究竟是怎么回事,人们为什么要花那么长的时间坐在那里把瓦格纳听完。

杜波:我想到德彪西说过的一句话:所有那些拖长的让人生厌的一刻钟,都是为了那绝妙的几分钟。我觉得这与那些有窥淫癖的人很相似,他们花上好几个小时只是为了所谓美妙的一瞬间。可为什么这种事发生在艺术领域,不仅是音乐,连诗歌也被爱情抒情诗给毁了。还有19世纪的绘画,通常也有纵欲倾向。难道社会的神经正在变得越来越脆弱?或是古典主义已成为不毛之地,从而使人的官能越来越紊乱?正是这些欲望的东西大量繁殖,才导致了无病呻吟、粗俗无知的商业化情歌,诸如《宝贝,你爱我吗?》之类。

梅纽因:是啊,这一定是堕落的开始。但流行这类音乐也没什么关系,至少它还有可取之处。这也是人类精神的一种解放。就像60年代我们所经历的战后的释放的心情,我们可以为所欲为,那是一种不可思议的感觉。然而今天我们正在为此付出代价。但是只要它存在,它就是不可思议的。此前的社会一直是非常有序也是非常保守的,但上流社会并不是一直不允许他们自己开禁,我们可以看到从禁欲到纵情享乐的演变过程。而犹太人、基督教徒和伊斯兰教徒都把情欲看作是有罪的。民主的发展导致了放纵的可能,特别是涉及人类的情感领域,叛逆的倾向表露出来。而音乐中和声的发展具有极其重要的意义，尤其是耽于色情的半音阶和声。除了民间音乐，当时的音乐主要是与宗教有关的。比起结构化的、记录下来的学者音乐，民间音乐显得色情得多。以后，这两种音乐趋于混合，民间音乐开始影响学者音乐。在巴赫的组曲中已经可以看到这种混合，他的吉格舞曲和萨拉班德舞曲开始带有民间音乐的原始风格。所以说，舞曲是进入学者音乐创作最早的要素。正统音乐是为教堂服务的，后来有了变化，符合新教礼拜仪式的宗教音乐让会众加入到歌唱中来。在这之前，这只是高高在上的唱诗班的事，或是唱格里高利圣咏的牧师的事。这是非常纯洁的、具有修道院氛围的音乐。从会众歌唱开始，民歌与唱诗就融合在一起了。比起格里高利圣咏，后来唱的众赞歌已经不那么纯洁了。到了工业革命时代，则开始表现政府和个人了。

杜波：这是个飞速发展的时代。

梅纽因：是的，速度非常快。浪漫主义已经成为一种自我体验。我的痛苦，我的爱，我的不幸，这都是绝好的自我耽溺。

杜波：耶胡迪，在某些时候，《特里斯坦与伊索尔德》是令人厌恶的；当然，在另一些时候它又成了杰作，是这样吗？

梅纽因：不错，有些时候它是让人讨厌的，而有些时候我还很喜欢它，赞赏它。在20世纪初期它还是挺有魅力的。一旦对某些乐曲着了迷，比如说指挥《特里斯坦与伊索尔德》中的《爱之死》，我不得不说，它能让人异乎寻常地沉溺到自我之中。

杜波：凯莫斯曾说过，“如果我听见《玫瑰人生》，或再一次听《爱之死》，我将会难以自持”。

梅纽因：我当然是沉醉在自我之中。你的观点很对，有些东西有点儿过头了。你不妨展开、展开、再展开些——

杜波:当代既是指挥家又是大作曲家的只有马勒——

梅纽因:我知道。

杜波:在马勒的每一部作品中,你都能听到他自身的语言,但《特里斯坦》蛰伏在他的总谱中。马勒是令人反感,可我喜欢他,但他也令人倒胃口,感官被他刺激了,也就只好受他摆布。

梅纽因:当然,马勒指挥大型交响乐团非常出色,也非常投入。尽管制造出许多噪声,但整体来说,他的音乐还是易于理解的。有时稍显陈旧,但却充满激情,就像你说的那样,在地狱和天堂的边缘打摆。听西方古典音乐刚刚入门的人,比如一些日本人和中国人,对浪漫主义音乐往往一见钟情,无法顶住这种诱惑。他们来自井然有序、管理严格的社会,突然间,他们可以在足球场和棒球场大声尖叫了,想想该有多兴奋。他们可以情不自禁地晃动身体,演奏浪漫抒情的音乐。如今他们的音乐家开始摆脱这些了,他们当中涌现出来的优秀演奏家甚至可以演奏巴托克的弦乐四重奏。

杜波:作为一个指挥家,亨德尔一定是你非常喜欢的作曲家。对于瓦格纳和马勒式的毒药,他的作品就像牛奶解毒剂。

梅纽因:每次我录完亨德尔的作品,都有一种被净化的感觉。这是有益于健康的音乐。这些年来无益于身心健康的音乐实在是太多了。而与亨德尔这样的作曲家在一起共度时光,却总让人身心愉悦。他从根本上表达了人类的情感,纯洁、美好,哪怕是爱和愤怒都是那么合情合理。

杜波:一个充满活力的人。他使我想起鲍斯威尔先生。

梅纽因:是啊,那是个生机勃勃的年代。人们没法不强健,不但有充分的教养,就连饮食也是那么充足,空气都那么清新。亨德尔有一种能量,他是一位非常了不起的大师。

杜波:但亨德尔的大量作品几乎不为人知。今天,巴赫赢得了更多的赞誉。英国人肯定喜爱亨德尔,他被葬在威斯敏斯特教堂,伟大的英国清唱剧传统在他手里发扬光大。贝多芬仰慕亨德尔。他曾说:“我愿在他面前屈膝跪下。亨德尔是最伟大最有才能的作曲家。”

梅纽因:你说得很对,他那数量巨大的作品几乎只被演奏过很少的一部分。这与时尚有关。时尚的形成为人们的习惯、人们的需要所左右,还有他们的愿望爱好,也包括他们的偏见。所有这些因素都渗透到流俗作曲家的创作中。亨德尔是远离我们这个时代的。相对而言,那是一个感情化的朴素的年代。我想他们不会有我们这个时代的心理冲突。我们是在高度的内心冲突中成长起来的,无法确定自我,无法确定价值取向。我们面对许多不同的价值观,许多观念正在流行,而我们常常觉得它们不该流行。这多少显得有些无奈。但我不认为那是一种必然的损失。对个人来说,有些地方只应该求得一种内在的平衡。如果你能在冲突中找到某种解决的办法,使相互冲突的观念得到缓解,那么冲突也不是一件坏事。这才是关键所在,否则人人都会保留一种偏见,而不管它是否可能正确。然而在一个文明的社会中,如果没有对不同观点的宽容与理解,那么人的生存空间也就不存在了;人们只能通过对话和妥协来解决冲突。人们往往认为,人类的处境与科学的领域相似,在那里可以穷尽绝对的真理。但是人类的处境总是在变动不居中。

还是让我们回到亨德尔的话题上。那个时代演奏他的作品的自由度当然比现在要大得多,他的快板乐章演奏起来就好像是爵士乐。而我们听到的某些亨德尔作品的演奏可能不像原作要求的那么到位,那么有生气,没有让人们感受到他内心的冲突。那个时候没有节拍器,演奏风格非常自由。很明显,那时的人有很好的节奏感。不过那是一种内在的节奏,不是外在的节奏,那种节奏感不是来自节拍器。

杜波:说得真对。与亨德尔同时代的拉莫[1]曾经说过:“如果有人需要节奏的引导,那他就不算是懂音乐。”

梅纽因:是的,的确如此。可是我们也得面对这个问题,不得不弄个正式文本好照本宣科。作曲家也得从九度和弦到四分之一音符一一标明。当然,很少发生上了舞台又把乐谱给忘了的事。要么我们从不看谱子,要么就是过于教条,一味被乐谱牵着鼻子走。生活在亨德尔的那个年代真是太幸福了,那是真正的浪漫时代,年轻人坠入爱河时并不知道将要发生什么。既不考虑家庭背景,也不担心有几个孩子或是对方受教育的程度。他们只遵从自己所选择的无法抗拒的爱情关系。

杜波:你知道亨德尔在哪几个地方待过?在伦敦他可是红极一时啊。

梅纽因:我知道当时伦敦的生活是非常舒适、无忧无虑的。我能想象那时的人们怀着对大城市的信赖感,高高兴兴地涌向伦敦的情景。在那个时候,想必伦敦会有许多精彩的讨论。没

1 拉莫(Jean Phililppe Rameau,1683—1764):法国作曲家。

有电话,人们就那样面对面地交谈,也没有录音器材。而今天我们的研讨总是分析再分析,比较,然后权衡,而在那个时代,这些事我想人们都是自发的。

杜波:埃尔加也属于亨德尔清唱剧传统的一部分。

梅纽因:不错,但显然他是个虔诚的浪漫派,他受到一部分德国音乐的影响。他到过德国,赫赫有名的指挥家李希特[1]最先支持过他。埃尔加是个温情脉脉的作曲家,但他绝不会像沃尔顿[2]那样具有那么明显的色情倾向。除了具有施特劳斯风格的影响以外,他的音乐还是地道的英国式的。在他的作品中,没有夸夸其谈,没有冷酷无情,也没有寻衅好斗之气。他的和声语汇也没有变得像施特劳斯那样难以理解。他那沉思冥想的慢乐章带有英格兰和爱尔兰民歌旋律的风格。

杜波:你录制的那张由埃尔加本人作曲并指挥的小提琴协奏曲简直富有传奇色彩。你认为他属于什么类型的作曲家?

梅纽因:埃尔加让我大吃一惊,他根本就没把录音当回事,也没把指挥和他该怎么做放在心上。他从未考过我。那是一个夏天的下午,我记得是个星期六,他只听我拉了几分钟,然后就去看比赛了。两天以后我们进入了录音室,他指挥录制了那张完美的唱片。他是个了不起的指挥,一点不因此而沾沾自喜。事实上,这的确是他的巅峰之作,至爱之作。作品的演绎中绝没有艰难困苦之意,也不是用贝多芬那样悲剧式的震撼方式。埃

1　李希特(Hans Richter,1843—1916):奥地利指挥家。

2　沃尔顿(William Walton,1902—1983):英国作曲家。

尔加永远永远都是那么的温柔，即使是在声音最大的时候也是如此。

杜波：让我们谈谈沃恩·威廉姆斯[1]吧。

梅纽因：他是个典型的、地地道道的英国人，深深地懂得他的根之所在。在沃恩·威廉姆斯的音乐中，情感的因素多于民歌旋律。此外，他的音乐中还有一种镇定自若的雄辩性，这一点很容易辨认出来。它是风，是水，是翠绿。英国的风景是无边无涯的，眼之所见，到处都是各种各样的茵茵绿色。当你遥望大海，你可以极目远眺；当你仰望长天，更见碧空无际；还有和风从万物上轻轻掠过。所有这些自然的特征都不同于欧洲大陆，不同于那些有着巨大的石像的干旱地区，也不同于到处是悬崖峭壁的多山地区，海拔高度上的巨大差别使这些地区产生了强烈的对比。而这种反差在英格兰被缓解和抚平了，也许这可以从气质上解释为什么英国能够演化为一种相对宽容的文明，当然战争除外。在很长一个时期中，沃恩·威廉姆斯的音乐都弥漫着这种气质，都被这种氛围、这种情感所融合。他的音乐从旋律的轮廓上说是平滑缓慢的，那是伟大的田园诗乐章。当然，他也写过一些挺出色的谐谑曲，既尖刻，又诙谐。不过依我之见，沃恩·威廉姆斯还是擅长那些慢乐章，看似平淡无奇，但却充满了英格兰的氛围。

杜波：他看上去就像是英格兰的一个缩影，他只能是英国式的。你了解他吗？

1　沃恩·威廉姆斯(Vaughan Williams，1872—1958)：英国作曲家。

梅纽因：不好这么说。我见过他五六次，一个相当自信却又谦和有礼的人。他善于待人接物，的的确确是个好人。

杜波：我觉得他的九首交响曲和西贝柳斯以及某些肖斯塔科维奇的作品，都可以列入马勒之后交响曲形式的伟大作品之列。你指挥过许多沃恩·威廉姆斯的作品，它们是以怎样独特的英国品格去打动英国观众的呢？

梅纽因：我想他的音乐清晰地唤起了地道的民间歌谣的曲调。然而在他以后的年代里，英国已经发生了许多变化，从某种意义上说这是令人遗憾的。随着帝国的灭亡，文化传统也消亡了。这就如同倒洗澡水连同孩子一起倒掉一样。在世界上的民主国家里，共和政体就是一个意见相同的庞大的议会，联合国帮不了它什么忙，而只有具有相同传统的人们才能共事。共和政体每况愈下，几乎任何努力都无济于事，一切仿佛已经没有意义。所以，沃恩在战后所做的事是不同寻常的。英格兰开始欧洲化或是美国化。他们开始有了美国的饮料、游乐场和连锁饭店，而且越来越多。年轻一代仰慕战后的美国，视之为自由世界的领袖，只要是美国的就全盘接受。而另一些人却盯着苏联，认为那种高度集权的方式符合他们的理想。对于这两种考虑来说，英国传统的保护都失去了，而这个传统才是英国人走遍世界的金字招牌；这是英国的偶像，英国的荣耀。不过，对一个海军军官、作曲家或是商店老板到不必太担心，因为他们的英国文化素养给了他们极大的安全感与力量。

杜波：英国人曾经是道德的范本，谁曾想事情会变化得如此之快。至于说接受美国的方式，全世界都在这么做。美国的享乐主义简直就像个简易的食谱，太容易模仿了。

梅纽因：是的，英国人这种了不起的自尊感以及伟大的传统正在迅速消失。英国人现在觉得自己在世界上没面子，没价值，没什么值得兴奋的。不不不，我怀疑沃恩·威廉姆斯还会不会拥有那些老听众，他的某些作品太“英国化”，不再有人用相同的方式来接受他了，这些作品也的确不便在国外演出。不幸的是，他的精髓正在慢慢枯竭。

杜波：英国风度还会被那些受过教育的人所理解，但它只能作为一种怀旧心理的寄托，就像我们在他的管弦小品《绿袖》中所听到的那样。这里我还要提到一个人，一位大师，他正在迅疾地从音乐会舞台上消失。我认为他也是典型的英国风范，他就是戴流士[1]。

梅纽因：戴流士不太容易让人听懂。在演奏他的作品方面，芬比(Eric Fenby)帮了我很大忙。包括小提琴协奏曲、双协奏曲和小提琴奏鸣曲。

杜波：芬比那本小册子《我所了解的戴流士》，是一本非常亲切、坦诚相见的回忆录，一本很好读的书。

梅纽因：芬比是个非常敏锐、彬彬有礼的人，但他又有一股儿不屈不挠的劲儿。他协助瘫痪卧床的戴流士完成最后那些作品，其决心和毅力真是令人难以置信。这是了不起的崇敬和奉献的举动。

杜波：戴流士也是个不可思议的人。

梅纽因：戴流士有一种难以琢磨、精巧细微的特质，就像彩色粉笔画，带点儿印象派的味道。他生活在法国，有着多方面的

1　戴流士(Frederick Delius, 1862—1934)：英国作曲家。

音乐爱好。我们不能像对待沃恩·威廉姆斯那样,把他看成纯粹的英国人。不过,他的音乐也不是法国式的。

杜波:就连他的小提琴协奏曲也不是用所谓法国印象主义的手法写成的。德彪西绝不会容忍如此的漫无章法。

梅纽因:对极了!你真是一针见血。我是个反光镜,对音乐不带成见,只是想要弄懂。我想弄懂世界上的每一个现象,想要了解每一位作曲家。通过芬比,我充分了解了戴流士。

杜波:你在四天中学会了两首协奏曲,有这事吗?怪不得古尔德称你是"学习快手"呢。

梅纽因:哦,不错,他是个比我快得多的快手。

杜波:可是只有四天,听起来简直不可思议。而且小提琴协奏曲演奏得那么老道纯熟。

梅纽因:是只有四天,但我还是在不断地研习音乐……

杜波:还在练?真让人敬畏不已。你是怎么做的?

梅纽因:我的回答只有一个:我痛恨浪费时间……

杜波:我知道你和一些英国作曲家有些私交。你还对沃尔顿的音乐情有独钟吗?

梅纽因:的确如此。我很高兴地告诉你,我刚刚加演了一首沃尔顿的《弦乐奏鸣曲》,改编自他的弦乐四重奏。那是我指挥过的最辉煌的作品之一。难以置信的机智、独创、优美,从难以想象的尖刻、快速而又充满刺激的谐谑曲,到有着巨大对比和深邃内涵的慢板乐章,应有尽有。对比在极度的安宁与极大的热情之间展开。了不起,真是了不起的作品。我认定是他最伟大的作品之一。

杜波:他真是个浪漫的人。你演奏过他的中提琴协奏曲,我认为他的小提琴奏鸣曲是献给你的。

梅纽因:不,那是献给黛安娜的。我得告诉你是怎么回事。战争结束不久,我们住在瑞士。当时英国政府正在大规模推广布里顿[1]的作品,演出了他的一些歌剧和其他作品。有一次沃尔顿和我们几个人正在散步。我记得沃尔顿需要一些瑞士法郎,那时从英国出来只允许带5英镑。我对沃尔顿说,如果他能给我写一首小提琴奏鸣曲的话,我可以给他一些瑞士法郎。我想让他对这件事认真点儿,因为他作曲很费时间。我们就这么边说边走,来到一家音乐商店,橱窗里陈列着布里顿歌剧的音乐总谱,还有一些照片之类的东西。于是我们走了进去。我买了他的一些音乐论著,黛安娜和其他人等在外面。突然他们惊叫起来,只见沃尔顿把一只大手伸进橱窗,一把抓起布里顿的照片,把它面朝下扣在那里。

杜波:哦,太精彩了,来点儿竞争也许不是什么坏事。沃尔顿的妻子苏珊娜写信给沃尔顿的传记作者说:“整个来看沃尔顿的生活,他与其他作曲家的关系远不是那么简单。每当说到布里顿的时候,他总是把他描绘成一个‘小搭档’。沃尔顿常常痛悔,他不明白为什么会有那么多追慕者和奉承者围着布里顿转。”

梅纽因:噢,这样看来他还是挺有英国味的嘛。这不算什么悲哀的事,布里顿在他举办的所有的音乐节上都邀请了沃尔顿。

杜波:你演奏沃尔顿的奏鸣曲是和谁搭档的呢?是肯特

1　布里顿(Benjamin Britten,1913—1976):英国作曲家。

纳吗?

梅纽因:是的,就是肯特纳,我的连襟。事实上,那首作品也是献给黛安娜的妹妹、肯特纳的妻子格塞尔达的。我们的首演是在1950年2月,在德鲁瑞·莱恩剧院举行的。

杜波:还有一件趣事是从苏珊·沃尔顿的传记中看到的。那是一部极有魅力和人情味的传记。

沃尔顿夫人写道:

> 黛安娜曾告诉过我,她婚后的第二天,沃尔顿曾让她吃惊不小。梅纽因正在莱斯特举行独奏音乐会,担任钢琴伴奏的是莫尔(Gerald Moore)。返场时,梅纽因演奏了巴赫的《D小调帕蒂塔》。当时,沃尔顿正和黛安娜在一起,他大声对黛安娜耳语说:"噢,上帝,别再拉那个恰空舞曲了。走吧,让我们鸣金收兵吧。"黛安娜还是个娇羞的新娘呢,她不得不说:"不,沃尔顿,要走你先走,我可得待在这儿。"

梅纽因:要是那样的话,那天就是巴赫也别想在他那儿占上风。

杜波:你公演沃尔顿的中提琴协奏曲的次数多吗?

梅纽因:确切地说,我只在伯明翰和伦敦公演过这部作品,都是由沃尔顿担任指挥的。我的确有点担忧,是他多次要求我演奏的。

杜波:我知道你很钦佩布里顿的音乐,也很喜欢他的为人。

你第一次见到他是在什么时候？

梅纽因：是在出版商霍克斯举行的一个聚会上，一个星期前，我刚刚去德国为那些流亡者演出，布里顿也想方设法地要去那儿。莫尔是最好的钢琴伴奏，他是和我一同去的，实际上，布里顿是和我们同时到那里的。他远比普通人要机敏，温和敏感得像个大孩子。

杜波：他还有些什么个性特征？

梅纽因：布里顿是个求知欲很迫切的人，他急于要了解每一件事。他总是争强好胜，其实只要稍微安分点、稳重点就好了。在我们打板球的时候，黛安娜和他在一边，我和皮尔斯[1]在另一边。在一个位置上，黛安娜对布里顿说："我们必须要赢这一场，对不对？"他说："没错。可你是怎么知道的，黛安娜？"这种事情来自他内心深处的不安全感，或者说过高估计了自己。他对于创作有着过热的需求，这种心理使他有满足感、安全感和成就感。他带着这种需求与人打交道，特别是同孩子们。通常是那些被称为"赝品"的同性恋者会对孩子们过分敏感，尤其在他们处于亢奋的情形下。然而布里顿对孩子是一片真爱。他为孩子们写的《诺亚方舟》和其他作品证明了这一点。他爱听孩子们的合唱。当然，他没有结过婚，但他和男高音歌唱家皮尔斯的长年友谊却几乎成了一种理想的婚姻。皮尔斯本应成为一名主教，因为他具有高尚的品格。他非常年轻，是他激发了布里顿的创作活力，当然，他也把自己的文学气质带进了布里顿的生活。谁

1 皮尔斯(Peter Pears,1910—1986)：英国男高音歌唱家，与布里顿有许多音乐上的合作。

对布里顿产生感情,他就会认为自己站在一个了不起的创造天才的面前,而这个天才是未曾出现过的。这种看法很公平。

布里顿对生活有一种永不疲倦的渴望,也常常过度沉浸于感情和遭遇之中。有一次,他和黛安娜还有皮尔斯在苏黎世。黛安娜后来告诉我说,他们买了一些巧克力,布里顿却糊里糊涂地把巧克力给吃了。在音乐会开始之前以及中间休息时,他总要喝点儿威士忌。尽管如此,但总体来说,布里顿还是个心地善良、好动感情的人;他也是个很难找到的人,是个鬼精灵。是的,你可以叫他鬼精灵!但重要的是,他对那些至关重要的事有着渴望,而且总是在为此而奋斗。你也知道,他还是个出色的钢琴家。噢,他演奏了舒伯特的声乐套曲《冬之旅》,是与皮尔斯合作的。真是让人难以置信。他也给我伴奏过,好得出奇。

杜波:有一种对维多利亚时代的深深的怀恋之感。在英国,埃尔加之前的最重要的浪漫主义作曲家是贝内特,但他那些过于精致的音乐没有保存下来。那些作品太德国化,明显有门德尔松的影响;但那些被维多利亚时代的英国保存下来的作品,现在听起来仍然健康有力,吉尔伯特[1]和萨利文[2]的剧院小品就属于这一类。

梅纽因:我仍然很喜欢这两位作曲家,他们为一个更为纯洁的时代履行了自己的责任。举例来说,就像柏林[3]在他的音乐中为美国所做的那样。吉尔伯特和萨利文的音乐充满了魅力与机智,尤其是有很强的歌唱性。人们可以跟着跳舞,离开剧院时感

---

1 吉尔伯特(Gilbert,1868—1928):英国作曲家。

2 萨利文(Sullivan,1842—1900):英国作曲家、管风琴家、指挥家。

3 柏林(Irving Berlin,1888—1989):生于俄国的美国作曲家。

觉很轻松。

杜波:今天的英国人仍然会在吉尔伯特和萨利文那些嬉闹的轻歌剧中感受到淳朴和愉快吗?仍然能感受到安稳自在吗?

梅纽因:对这一点我表示怀疑,他们已经变得老于世故了,尽管他们还保留着通俗性。澳大利亚对吉尔伯特和萨利文更合适,因为那里的人仍然年轻,渴望着这样的音乐娱乐。事实上,我第一次听到吉尔伯特和萨利文的音乐就是在澳大利亚,那年我已经19岁了。

杜波:今天英国严肃音乐的领军人物是蒂皮特[1]。

梅纽因:为庆祝他85岁生日,我将指挥他的二重弦乐协奏曲。他是个有着崇高理想的音乐家,是个非常安详的人。我还指挥了《科雷利变奏曲》。他的音乐密度很大,很和谐,他是我所知道的、英国音乐家中风格最厚重的一个。恐怕我弄不大懂他的歌剧。

杜波:噢,作品还真不少。我一直很钦佩霍尔斯特,只不过他那首宏大的《行星组曲》过于流行了。

梅纽因:我喜欢霍尔斯特,他是个真正的英国人。说起来是有些遗憾,《行星组曲》埋没了他大量的作品。他的合唱作品是非常出色的。

杜波:为什么你认为18、19世纪的英国没有产生伟大的作曲家呢?

梅纽因:作为一个非常相信直觉的民族,英国人不擅长哲理思考,没有什么玄思妙想。但他们的确是非常富有乐感的人,特

1 蒂皮特(Tippett,1905—1998):英国作曲家。

别是苏格兰人,非常音乐化,非常具有浪漫情怀。当你听到普赛尔和道兰[1]的音乐时,乐曲中的小节线什么作用也没有,不过是个适当的参考。旋律可以穿过小节线,对位音相互交叉,没有固定的位置,不像贝多芬和舒伯特的音乐那样。英国人不大容易接受欧洲大陆那种固定不变的4/4拍和3/4拍。我想这是产生不了大作曲家的原因之一吧。而且在一个相对自由的年代,作曲也比后来的19世纪更为自由。通过与道兰、普赛尔和伊丽莎白的联系,英国重建了与过去时代的联系。

杜波:有一位作曲家在当今的声望远不如半个世纪以前,他就是格鲁克。海顿、莫扎特和贝多芬都受过他的影响,柏辽兹和瓦格纳崇拜他。你怎么评价他?

梅纽因:他曾被认为是一位不朽的音乐家,他的歌剧如今却到了近乎被人遗忘的地步。我也只知道《奥菲斯与尤丽狄茜》。第一次听到这部作品时(哼唱),对我来说是一个重大的时刻。后来我不止一次地被它深深地感动。

杜波:有一位作曲家的作品经常被演奏,但却得不到应有的评价,这就是海顿。人们总是过多地把他和他的朋友莫扎特相比较,然而他却完全不同于萨尔茨堡那位大师。

梅纽因:我深深地爱着海顿,我认为他是一个非常伟大的作曲家。我曾经演奏过许多海顿的作品。海顿不受任何约束,他显现出最不寻常的奇异。当然,他是个多产的作曲家,并不是所有他的作品都是上乘之作。伟大的《萨洛蒙》或是《伦敦交响

---

1 道兰(John Dowland,1562/63—1626):英国作曲家、琉特琴演奏家。

曲》是他交响乐生涯的巅峰之作。

杜波：是的，我认为这些交响曲是他的作品中最辉煌的表现。在这里，他那不断扩大的构想，创造了包括“奏鸣曲”在内的抽象音乐的伟大的主体部分。假如贝多芬不曾在世，那么他的12首《伦敦交响曲》将会成为西方文化最伟大的成就之一。

梅纽因：可是贝多芬的身影最终遮住了他，海顿降格为贝多芬交响曲的先驱者。但海顿身上始终有一种能够感动我的东西，就像亨德尔一样，这就是压倒一切的虔诚感。他们为上帝的荣耀而写作。海顿是个幸福的、身心平和的、孜孜不倦的耕耘者，他的音乐写出了人类的安定感与尊严。

杜波：你知道门德尔松生前的保留曲目，现在演奏得越来越多了。

梅纽因：是这样。他活的年头太短了，但他的天赋令人难以置信。他的交响曲非常出色，他是个清醒的浪漫主义者。人们从不为幸福而感恩，而门德尔松却常常洋溢着喜悦的幸福感。

杜波：门德尔松的名字“Felix”在拉丁语中的意思就是“幸福”。

梅纽因：但人们对幸福越来越感到厌倦，他们需要的是刺激与冒险，危险与挑战。当他们遇到那些美好欢乐的音乐时，他们竟会产生厌倦。这有点像瑞士的例子。人们厌倦瑞士是因为瑞士运转得太正常，一切都那么井然有序。而我却要说，我必须感谢这一切，因为我不必遭受逃离尼加拉瓜之苦。我们需要在心里为门德尔松保留一个地方。

杜波：财富使他应有尽有，同时也使他的才气得到最大限度的发挥。他的快乐天性也给这个世界带来了新的浪漫主义曲式：谐谑的、轻松活泼的，这是《奥伯龙》的世界，也是他对浪漫主义真正的独特贡献。完全不同于肖邦的温柔细腻，瓦格纳的色情主义，或是舒曼的疯癫和狂热。

梅纽因：想象一下八重奏的第十五段，《仲夏夜之梦》序曲的第十七段，这难道不是奇迹吗？他的信写得也非常漂亮，能画一手美丽的水彩画，还是个难得的钢琴家和指挥家。可惜，他只活了38岁。

杜波：我们甚至也不能评价舒伯特的伟大，他死的时候只有31岁。

梅纽因：舒伯特在一个本应他出现的时代诞生了，而且只能出现在维也纳。他是那个城市的真正的产物。莫扎特、海顿、贝多芬都在那里生活过。“舒伯特属于那个清新而柔弱的时代，就像流淌的小溪。”他处在一个理想化的时期。他是个弱不禁风的青年，像蓓蕾、像种子那样，怀有脆弱的情感。

舒伯特充满朝气蓬勃的情感，那是青春之情，少年之诗，死亡之感。他让人们觉得，为了情感、情欲，为了奉献青春之爱，他可以用生命作抵押。舒伯特的音乐充满了激情，那是一种没有被现实生活消解的激情。在他的音乐中，勃发的情感最终被导入一个纯真的境界。没有目标，一切不过是纯真本身。

杜波：舒伯特一定是所有作曲家中最复杂、最难解释的一个，无法描述他的心理状态。

梅纽因：只要我听到《冬之旅》，就止不住流眼泪。那完全是给予，是爱，是激情与奉献，是献祭的狂喜之情。我不知道这是为什么，但是当人们听到舒伯特的音乐时，它的确能摄人魂魄。我想每个人都会重温那些时光。那是一种话到嘴边却无法用语言描述的时刻。

杜波:也许这就是舒曼所说的,他把舒伯特的音乐称为"永恒的青春"的原因。

梅纽因:是的,是维也纳的森林和纯净的空气造就了他。当时的维也纳仍然是封建领地,工业革命没有像冲击伦敦那样影响到它。在舒伯特时代的维也纳有着极大的创造力和安稳的情感氛围。

杜波:让我们谈谈最早关注舒伯特的一位评论者,是他发现了舒伯特伟大的《第九交响曲》的手稿,并把它寄给了门德尔松指挥演出。我说的就是那个烦恼不断却又人情味十足的舒曼。

梅纽因:正像你所说的,那是一个天才的烦恼。舒曼一直被痛苦所折磨,他费尽心力要把那些思想表达出来。他的音乐中弥漫着疑惑,许多想要阐释他的音乐的人,都在他那高深莫测的音乐面前束手无策。

杜波:我认为他是所有浪漫派作曲家中最具浪漫色彩的人。由于他的音乐中充满疑问,阐释者只好发挥自己的想象了。你和赫芙齐芭(Hephzibah)录的那张《D 小调奏鸣曲》实在是精彩极了。

梅纽因:我是通过埃乃斯库开始接触这部作品的。他很喜欢这首乐曲。布里顿也喜爱舒曼。对于舒曼的作品,你得给他一个大体的框架;可能他是根本看不透的,但你自己必须心中有数。我记得和我的妹妹一起录制《D 小调奏鸣曲》时彼此配合得很默契。

杜波:你一辈子都在赞美埃乃斯库,是不是他那伟大的音乐影响了你的生活?

梅纽因:他是个独一无二、不可企及的音乐家。用一句形象的话说,是他打开了我的音乐之门。在我大约11岁的时候,他让我听到了巴厘岛的音乐,还有非洲音乐的唱片。他就是那么一步一步地领着我开阔眼界,把我带入了古典音乐之外的音乐天地。从那儿开始,我得以进入香卡[1]的音乐世界。他是个非比寻常的音乐家,是个挺可爱的人。印度音乐为我打开了一个新鲜的宝库,格拉佩里(Grappelli)、爵士乐和即兴演奏给了我相似的体验。

在我还是个孩子的时候,我就沉迷于埃乃斯库《第三小提琴奏鸣曲》那种非常流行的罗马尼亚风格。在这部作品中,我感到自己更接近吉卜赛小提琴手。也许我过去的训练过于严格规范,以至于从未尝试过梦寐以求的即兴演奏。但在这个奏鸣曲中,至少我可以心满意足地扮演一次吉卜赛小提琴手,就好像我拿到了一个剧本去扮演一个角色。这个作品是记谱法的杰作,埃乃斯库把每一处细微差异、吉卜赛风格的每处微妙变化都融入这部特殊的作品中。要知道,埃乃斯库对风格的把握可以说是准确无误,然而强烈的情感和瞬间的即兴,也成为他演奏风格的一部分,即使是演奏巴赫或勃拉姆斯的标准曲目也是如此。此时此刻,这种诠释也融入了作品的原创,这真是罕见的诠释才能。

杜波:你提到他的记谱法,在这方面,他是注重细节的大师。就拿他的《第三钢琴奏鸡曲》的总谱来说,其中的记谱符号竟是

1　香卡(Ravi Shankar,1920—2012):印度西塔尔琴演奏家、作曲家。

如此精细。李帕蒂[1]录制的这张唱片相当不错。

梅纽因：埃乃斯库是李帕蒂的教父。说来不幸，作为一个天才的作曲家，埃乃斯库从未得到过应有的评价。他的歌剧、歌曲、室内乐和交响乐，逐渐形成一种鲜明的民族特色。他对和声的辨析力相当敏感。

杜波：根据他的情况，我们希望音乐家和公众能够超越那首世人皆知的《罗马尼亚狂想曲》来评价他。

梅纽因：说得对，我也希望能够如此。让他的音乐广为人知并不是一件容易的事，就像当年巴托克所遭遇的那样。埃乃斯库是一个精致的混合体，这个混合体的各种因素碰巧都集中在维也纳，埃乃斯库在那里学习过。民间文艺与吉卜赛音乐是罗马尼亚和匈牙利的根，它们与孕育了维也纳音乐宝库的发达的西欧文明融为一体。埃乃斯库是个纯粹的贵族，他有教养，举止优雅，人格高尚，我从未见过像他那么好的音乐家，这样的音乐人生是无法描述的。

杜波：你曾经对我说过，与埃乃斯库相比，你只能是个小矮人。你这样说只是出于谦虚吗？

梅纽因：请相信我，大卫，我这么说绝非戏言。我刚刚提到他的音乐人生，而我自己是没法和他相比的；既不能比作曲的天赋，也没有他那钢琴家的技巧。我缺少天生的才气，而他却能背出常备的演出曲目！无论如何我也不知道自己有什么东西能和他的音乐知识相比较。

杜波：曾经有人说他自己具有极好的视唱视奏和背谱的才

---

1 李帕蒂(Lipatti，1917—1950)：罗马尼亚钢琴家。

能。埃乃斯库回答说:“我不会视奏,但我对一切了如指掌。”

梅纽因:他当然会视奏,而且相当之好。我必须得说,他有智力上的天赋,还有一个深邃的灵魂。

杜波:你得承认,至少你的小提琴曾经拉得和埃乃斯库一样好吧。

梅纽因:完全不是这样,我永远也赶不上他的演奏水平。值得庆幸的是,他的精神和他的教诲已深入我的内心,这一点我很清楚。自然,在某些方面,我也就懂得了怎样演奏,怎样解释一部作品,怎样分析总谱。在对人和生活的某些态度方面,我也受到他的影响。埃乃斯库很富有骑士精神,这方面引发了我天性中浪漫的一面。

杜波:他是怎么教你的?

梅纽因:他会告诉我一些让我激动和振奋的事。说穿了,激发创作冲动在教学中是至关重要的。就拿贝多芬协奏曲中我的小提琴分谱来说,在第二次乐队全奏之前,独奏小提琴的声音越来越高,演奏要带有崇高感;但埃乃斯库只在这里简单地写了一句“从容不迫的尊严”。他上课的时候总是言简意赅,只是坐在钢琴前为我伴奏。他弹起琴来纯洁而深刻,通过音乐来教导我。

杜波:他教过你埃尔加的小提琴协奏曲吗?

梅纽因:在进入埃尔加协奏曲第一乐章第二主题时,埃乃斯库说:“啊,这个地方英国味儿十足!”那时,我的确不知道是什么意思。但埃乃斯库的话里带着一种成年人的纯真。这是一种既朴实无华又雄伟崇高的品格,表现在音乐中的时候,既深潜于内,又发表于外。埃乃斯库有一种悟性和本能,他对于各种各样的人和不同民族的理解简直是不可思议。我的家人横渡大西洋时，通常乘法国或意大利轮船，而埃乃斯库却说："我乘英国船周游世界，没有谁比英国人更了解大海了。"虽然埃乃斯库在英国待的时间很少，但是他非常了解这个国家和它的人民。

杜波：我知道你还喜欢布洛赫的音乐。从他去世以后，他的音乐便黯然失色了。似乎很难把他归入哪一类作曲家。

梅纽因：对于那些喜欢分门别类的人来说的确非常困难。虽说他是最为著名的瑞士作曲家，热爱群山，也经常回到瑞士，但布洛赫的狂想曲风格很难用公式化的方式去界定。他的音乐一多半是连绵的叙述和沉思冥想。从本质上说，布洛赫是个犹太作曲家，在他内心情感的深处是对犹太人绝望的哭泣。

杜波：我认为他的艺术有着深邃的洞察力，他的弦乐四重奏对曲式结构有着非凡的贡献。作品中既有燃烧的激情，也有受挫的失望，偶尔略带些嘲讽的反语。

梅纽因：我完全同意你的看法，他是个受难者，是个先知，令人惊讶地联想起《旧约》中的面孔。他为小提琴写了一些优美的作品，要知道，他还是个很优秀的小提琴家。你知道，在世的作曲家中，我演奏的第一首小品就是布洛赫创作的。小品的名称叫作《神圣的仪式》，写得棒极了，那是布洛赫为我写的。当时我还是个七八岁的孩子。布洛赫是个了不起的教师，当时是旧金山音乐学院的导师。

杜波：你认为福雷[1]怎么样？

梅纽因：他属于那种一生都在追求发展的作曲家，是个重要

---

1 福雷（Gabriel Fauré，1845—1924）：法国作曲家。

的作曲家。在精神方面他更趋向于贝多芬。

杜波：是啊，谁会想得到，早年写出《钢琴与乐队叙事曲》或是《第一小提琴奏鸣曲》的福雷，竟会在耳聋之后创作出像贝多芬那样的弦乐四重奏。

梅纽因：也许他早期的作品更迷人，但晚期的作品听起来更有深度。不错，我演奏过《第一小提琴奏鸣曲》，由于布里顿对福雷的喜爱，他想要我演奏晚期的第二奏鸣曲。我们的确合作了，可惜的是没有录音。这是一部沉思内省而又趣味盎然的作品。我希望能够更多地了解一些法国现代音乐大师，像让人敬慕的梅西安[1]，有着闪光的音乐思想的布列兹，他的《无主的锤子》相当有趣。他还是个一流的指挥家，他的目标是要获得最大限度的清晰度。他指挥的贝尔格[2]和斯特拉文斯基的作品美妙无比。

杜波：你演奏过拉威尔吗？

梅纽因：我拉过他的三重奏，演奏《茨冈》的次数更多些。没有人比埃乃斯库拉得更好了，是他让我认识了拉威尔。我们演奏的是《茨冈》中的一个片段。埃乃斯库没有吉卜赛血统，但他非常了解吉卜赛人。小提琴奏鸣曲中有一个忧郁的乐章。拉威尔掌握各种风格的能力让人吃惊。

杜波：柏辽兹怎么样？

梅纽因：啊，他自然是很出色的，极富独创性和冒险精神。我很喜欢指挥《幻想交响曲》，听起来并不过时，完全就是新作品的感觉。

---

1 梅西安（Olivier Messiaen，1908—1992）：法国作曲家。

2 贝尔格（Alban Berg，1885—1935）：奥地利作曲家。

杜波：那部作品生气勃勃。通过他的配器，一个乐队一下子就变成了一件灵活自如的乐器。与维也纳古典乐派相比，《幻想交响曲》的情绪变化让人惊讶。浪漫主义那种病态的敏感已经很明显地表现出来，这些只不过发生在贝多芬逝世三四年之后的时间里。

梅纽因：实在是让人惊讶。柏辽兹是个文人，无论什么事都会让他兴奋不已。我演奏过《哈罗德在意大利》的中提琴部分，这部作品的灵感来自拜伦。拜伦是浪漫主义的开创者，他曾激发过许多浪漫主义音乐的创作灵感。

杜波：我知道你非常想指挥《卡门》。

梅纽因：我仍然有这个愿望。比才是个天赋极高的人，我喜欢比彻姆过去指挥的比才的那首交响曲，我也指挥过。真是迷人的作品。

杜波：这首《C大调交响曲》堪称杰作，巴兰钦[1]用它改编了优美的芭蕾舞。比才写这首作品时才17岁，竟有如此早熟的想象力。他死得太早了，我记得才38岁。《卡门》是世界上演出最多的歌剧。为什么它会有这么广泛的吸引力？尼采喜爱它，柴科夫斯基喜爱它，就连那些通常不喜欢歌剧的人们也喜欢它。

梅纽因：我非常喜爱《卡门》，它在我们的心里唤起对流浪者和吉卜赛人的关注。这是一部高度戏剧化的歌剧，充满牺牲精神，充满宿命和死亡的意味。它蔑视任何传统，对各种世俗的偏见不屑一顾。这是爱情的悲剧，我无法把《卡门》和其他任何歌剧加以比较。我对《卡门》的爱可以说是情有独钟。

---

1 巴兰钦(George Balanchine，1904—1983)：俄裔美籍芭蕾舞编导。

杜波：卡门可算得上是倾城倾国之貌啊。咱们换个话题，你喜欢德彪西吗？

梅纽因：非常喜欢。他就像一个印象派画家那样，给音乐带来了全新的东西。他的作品与现实毫无关系，而是与主观的现实密切相关。德彪西所探索的恰恰是我们的内心世界，而他的音乐总是无法预知的。你听着这一段，却不会知道下一段该是什么。

杜波：他的音乐的确是一种新奇的创造。钢琴家阿劳[1]曾经对我说，他认为德彪西的音乐来自另一个星球。

梅纽因：德彪西成熟的作品肯定是这样，特别是在他的鼎盛时期，听起来就像是一种全新的音乐风格。

杜波：他继承了李斯特的衣钵，打破了德奥音乐传统的束缚。甚至可以说，德彪西的音乐是非欧洲化的音乐。他所使用的五声音阶和全音阶使人进入到充满美感的东方艺术的境界。

梅纽因：瓦格纳扩张而德彪西精简。比如，他的钢琴前奏曲大多不超过两分钟或两分半钟，非常法国化。这种减少的要素被德彪西赋予了全新的感觉。甚至法国人的食物也是精简的，他们煮得很浓。

杜波：你认为法国人真的对音乐有那么大的热情吗？

梅纽因：法国人对一切艺术都有一种理性的激情。法国人能够爱，但他们过于世故，他们的爱永远是情爱和理智的混合物。而德国人却是不加选择地去爱，法国人绝对不会那样。法国人并不具有独立的判断能力，他们的确不是有音乐天赋的民

1　阿劳（Claudio Arrau，1903—1991）：智利钢琴家。

族,但他们却是世界上最好的音乐听众。因为他们专擅此道,或者说他们只培养那些不用动脑子的兴趣,所以他们知道你的演奏有没有风格。他们不会说,“啊,我喜欢他,他的发音是最优美的”。不,不会这样。你得拿出更多的东西来满足他们。

杜波:你对德彪西后期的小提琴奏鸣曲有特殊的偏好吗?

梅纽因:长期以来,那部作品对我的影响超过了任何其他作品,我始终不能更深入地得其要旨。这是一部杰作,一部无法预知的杰作,但是它又带有一种穿越不可知领域的逻辑性,这也正是我对它着迷的原因。它是探究命运的一个缩影,无法预知的事件总是相伴而来,它还能唤起你所有的感觉。

杜波:你认为自己能够“保管好”现在经常演奏的经典作品吗?

梅纽因:当然可以。甚至包括那把传闻属于我自己的小提琴。我希望能够把它传下去。事实上,万一它被人偷走,我宁可让喜爱它并且能够演奏它的人偷走。

杜波:谁是现代最伟大的小提琴协奏曲的作曲家呢?

梅纽因:巴托克,当然是他。

杜波:在你的一生中想必会有这样一个重要时刻:当你打开那个包裹时,发现里面装着巴托克为你写的小提琴奏鸣曲。

梅纽因:然而我的心往下一沉。我以为我永远也不能演奏这部作品了。后来知道我将要演奏它,而且就在一个月内。幸运的是,我演奏时他能来听。

杜波:一个月内!

梅纽因:是的,我演奏了,我是凭着记忆拉的。他来到音乐厅,听了我的演奏显得很高兴。我知道他肯定会来听,因为他知道演奏会成功。巴托克是我见过的最了不起的人中的一个。

杜波:那是一张极度敏感的脸。

梅纽因:是的,但那时他已经病了。我认识他的时候,他已经得了白血病。你知道,在他所剩无多的几年里,他要做两件事。一是接受了西北大学在西雅图的教职,与那里的印第安人度过两年的时光。他们应该得到他们自己的音乐语言。我常说,每一种文化都应该有自己的巴托克。另一件事是和我一起去加利福尼亚共度一个夏天。1943 年的夏天会是一个什么样子啊!后来,由于他的健康原因而未能成行,对我来说是终生的遗憾。可以想象,要是我与巴托克共度一个夏天,我会向他学到多少东西啊。

杜波:据说他的知识面非常宽。

梅纽因:他是一个学识渊博的人。不仅表现在音乐和语言方面,也包括植物学。只要在生活中能够打动他或是引起他注意的事物,他都进行研究。如果你问他关于马的解剖方面的问题,我确信他能给你讲得头头是道;或者为什么某条河的沿岸会生长那些植物,还有土壤、气候、湿度等,无论什么都能说上个一二。他属于那种天生的学者型的艺术家,当然是富有创造性的。他能把条理性和创造性结合在一起,这正是他的过人之处。很少有人能够像他那样。有的人有创造性却缺乏条理,另外一些人有条不紊却毫无创造力可言,而巴托克却可以把采风中收集到的成千上万个旋律,井然有序地安排好。这是真正博学之士的作品。

杜波:勋伯格说,他担心他的音乐可能过于丑陋。你认为他这么说是什么意思？

梅纽因：我不太理解他说这话的意思。这倒挺有趣，这是不是说，他和他的音乐是两码事。

杜波：他是个与许多事都不搭界的人。

梅纽因：所以他写的那些东西并不一定超出他的美学观念。

杜波：也许是这样吧。由于他走出了瓦格纳的世界，所以他的第一部作品由于变化和弦用得过多而显得有些臃肿。在《月光下的彼埃罗》完成差不多有三年的光景后，他的确放弃了音乐，转而致力于绘画创作。

梅纽因：我不太了解这些事。

杜波：后来的许多年，他开始潜心于十二音体系。也许他并不是非要这个体系不可，但是他知道，他不能继续在瓦格纳主义的势力范围下生存下去，他不得不超越。当然，很多作曲家都感觉到这一点。

梅纽因：我不了解他的画儿。

杜波：那些画相当出色，他的自画像和他给贝尔格画的像都很精彩。他的画在纽约举办过大型展览，显示了当时某些德国二流表现主义画家的水平。勋伯格始终认为自己是个业余画家，其实他的作曲也是自学的。他说，在音乐与绘画创作之间，他也分不清到底侧重哪方面。实际上，你并不认同勋伯格的音乐，但是你演奏了他的小提琴与钢琴的《幻想曲》。

梅纽因：我这个人说事儿老是爱从头说起，要不是古尔德，我大概不会演奏那首曲子。这件事是他起的头，换任何人我都不会合作。古尔德是这方面的权威，他喜欢这类作品。我总是认为，人们爱某个人、某件东西或是某个作品，总比恨它们的人更接近真理。因此,如果我想要了解一部新作品,最好是通过真正懂得作品价值的人来了解情况。对贝尔格的协奏曲也是一样。正是昂塞尔梅[1]对我说,“你一定要演奏贝尔格的协奏曲”,我才演奏的。当然,没有人比昂塞尔梅更了解这部作品了,当我第一次演奏它的时候,就是同他合作的。虽然昂塞尔梅喜爱这部协奏曲,但我对此有保留看法。当演出结束人们来到后台时,我大吃一惊,因为我并没有被作品所感动。

杜波:那么现在呢?

梅纽因:有点儿喜欢了。但是它打动的是别人,这使我有些恼火。我是恼火我自己:我演奏的东西感动了别人而没有感动我。

杜波:为什么你认为勋伯格用十二音体系写的大量作品没有保留价值?

梅纽因:我认为那是一种随意的体系,无法否认这一点。因为每个音符都被假定是相同的,而音符远比人与人之间的差别大。

杜波:也许他有一种美学的谬论。

梅纽因:我也这么认为。像勋伯格和韦伯恩[2]这样天资聪颖、才华横溢的作曲家能够驾驭任何体系,创造出伟大的音乐作品。

杜波:让我们来谈谈俄罗斯作曲家吧。普罗科菲耶夫使自

---

1 昂塞尔梅(Ernest Ansermet,1883—1969):旧译安塞美,瑞士指挥家。

2 韦伯恩(Anton Webern,1883—1945):奥地利作曲家。

己在20世纪音乐中占有一席之地。

梅纽因:我钦佩普罗科菲耶夫,他的机敏有如刀锋,极具讽刺挖苦之能事;他的过渡却又平稳流畅。管乐中的吐音在他的音乐中受到如此之多的检验。在很多方面,普罗科菲耶夫和斯特拉文斯基有共同之处:他们都有纯粹的俄罗斯精神,以及像解剖刀一样的精确性;都有同样的智者的好奇心;他们的某些音乐作品有着高加工精度的金属仪器般的精确性。两位音乐家有着异乎寻常的清晰的头脑,以及好虚夸而又不失精确的倾向。

杜波:普罗科菲耶夫和斯特拉文斯基都有绝妙的讽刺气质。然而普罗科菲耶夫具有一种纯粹的浪漫主义的抒情风格,从根本上说,这正是斯特拉文斯基所不具备的。普朗克[1]称普罗科菲耶夫是俄罗斯的李斯特。

梅纽因:我不知道这个说法,不过很有意思。当然,普罗科菲耶夫对音乐中的每一种曲式都有浓厚的兴趣。小提琴和钢琴协奏曲只是常演的曲目,交响曲则充满了多样性,而芭蕾舞曲更得柴科夫斯基的真传。

杜波:是的,柴科夫斯基的芭蕾舞曲是无可比拟的舞剧作品。我记得努列耶夫[2]曾经说过,每天早晨,每个芭蕾舞演员都应该在柴科夫斯基的像前鞠个躬。

梅纽因:柴科夫斯基依然是个巨人。他只是发自内心地写啊写啊,因而触动了人们的心弦。我认为,他的音乐大部分是芭蕾舞曲性质的。

---

1 普朗克(Francis Poulenc,1899—1963):法国作曲家、钢琴家。

2 努列耶夫(Rudolf Nureyev,1938—1993):俄罗斯芭蕾舞表演家。——编者注

杜波:塔涅耶夫[1]批评柴科夫斯基说,他的音乐带有芭蕾音乐的性质,就连他的交响曲如《第四交响曲》也是如此。

梅纽因:我不赞成这种观点。我认为这是对他的那些诠释者的批评,他们让沉重压倒了优雅。我觉得柴科夫斯基是非常高雅的贵族化的作曲家。

杜波:我完全同意。他的音乐经常被演奏得狂暴不安和歇斯底里,以至于他的许多作品中温和的天性和纯洁无瑕反倒被抛弃了。指挥们往往滥用他的交响曲来作为炫耀乐队色彩的工具,钢琴家和小提琴家只把他的协奏曲当作"炫技"的样板。就连柴科夫斯基所具有的良好的形式感也被遗忘了。在把握作品的结构方面,同时代的作曲家中只有勃拉姆斯可以略胜一筹。

梅纽因:你说的我很赞同。人们拒绝给他以应有的地位,自然他们就感受不到他作品的优雅。

杜波:在当时的俄罗斯作曲家中,他是为数不多的崇拜莫扎特的人之一。在一封动情的信中,柴科夫斯基特别恳请他的赞助人冯·梅克夫人改变她对莫扎特的看法。他恳求说:"你怎么能不爱莫扎特呢?"

梅纽因:他有一副特别好的心肠。在指挥他那些最出色、最有力度的作品时,你切不可忘记他那与生俱来的优雅,以及芭蕾舞音乐的特性。我特别喜欢他的第四、第五和第六交响曲。当我还是个孩子,一个天真无邪的孩子的时候,我最喜爱的就是《忧伤小夜曲》。在我很年轻的时候,就曾多次演奏过他的小提琴协奏曲。我喜欢海菲兹和奥伊斯特拉赫的演奏,我觉得自己

---

1 塔涅耶夫(Sergey Ivanovich Taneyev,1856—1915):俄罗斯作曲家、钢琴家。

从未给过这部作品独一无二的阐释。

杜波:你见过肖斯塔科维奇吗?

梅纽因:1945 年我回到莫斯科时见过他。我还在布拉格、伦敦和纽约见过他多次。他总是一副悲哀的样子,感伤至极。他人很腼腆,看上去十分胆怯。当你读他的总谱或是听他的音乐时,你简直不能相信作品竟会出自这样一个胆怯腼腆的人之手。但是很明显,这掩盖了他内在的力量和坚定的信念。事实上,外部的惊吓驱使内部的力量在音乐中迸发,人类的这种二律背反和自相矛盾真是不可思议。我们了解真实的肖斯塔科维奇不能通过他本人,而恰恰要通过他的音乐。由此我也悟出了一个道理,如果我们不懂得一个人、一个民族的音乐,也就不能了解他们。

杜波:你对里姆斯基-科萨柯夫的作品有更多的了解吗?他的作品本应在西方得到应有的承认,而实际上却不为人知。

梅纽因:我喜欢看他的歌剧。在当时的年代,那些歌剧吸引了多少人啊。正是因为我了解他的作品,那些歌剧才吸引了我。

杜波:那些熟悉里姆斯基的人都为他发狂。斯特拉文斯基曾拜他为师,霍洛维茨[1]经常为我演奏他根据里姆斯基的歌剧改编的钢琴曲,他从来没有在公开场合演奏过;拉赫玛尼诺夫曾指挥过里姆斯基的许多歌剧,他深深地喜爱它们。

梅纽因:是啊,能听到霍洛维茨的那些钢琴改编曲真是太不寻常、太幸运了。

---

1 霍洛维茨(Vladimir Horowitz,1904—1989):美籍乌克兰钢琴家。

杜波:伯恩斯坦的逝世成了全世界的悲哀,他是个无可争辩的天才。我认为他的音乐将来会渐渐失色。

梅纽因:人们会非常怀念他。我认为《在小镇上》非常出色,光彩照人;音乐喜剧《西区故事》如今已是家喻户晓。他是真正的纽约之子,就兼收并蓄、见闻广博方面来说,没有人比他更具有纽约的特色了。他是个非常忙碌的音乐家,但无论接触的是哪类音乐,他都报以极大的专注和坚定的信念。这表现在他的指挥上、作曲上,也表现在钢琴演奏上。

杜波:是啊,他演奏的《蓝色狂想曲》是多么激动人心。这个纽约之子是音乐家中的多面手。他指挥的尼尔森的全部交响曲是最出色的,他指挥的马勒全集更是顶尖之作。对于他的音乐鉴赏标准来说,艾夫斯[1]、科普兰[2]、海顿和贝多芬是一样的精神食粮。

梅纽因:那是纽约最好的范本,也是我为什么要把列尼[3]和纽约连在一起的原因。在纽约,所有的风格、潮流,各式各样的人都可以展示,世界上没有哪个城市能够和纽约相比。

杜波:你了解科普兰的音乐吗?我可是挺赞赏他的。

梅纽因:我非常喜欢科普兰,也相当了解他,和他有过一面之交。

杜波:我很了解他,在一个系列广播节目中,我们合作了一年多。他真是个好人。

梅纽因:是的,非常好的一个人。很美国化、犹太化,就像列

---

1 艾夫斯(Charles Edward Ives,1874—1954):美国作曲家。

2 科普兰(Aaron Copland,1900—1990):美国作曲家、指挥家、钢琴家。

3 列尼(Lenny),友人对伯恩斯坦的昵称。

尼一样。作为纽约人，他们都是地道的美国人。

杜波：是的，犹太人的适应性是无人可比的。没有人比出生在布鲁克林的这个犹太人把大草原、荒蛮的西部，还有阿巴拉契亚山描绘得更好的了。

梅纽因：这种善于理解和分析的品性是科普兰那个时代许多犹太人的特性，其实，他们早已被美国这个大熔炉重铸过了。

杜波：我们得说说格什温[1]了。你指挥过他的作品吗？

梅纽因：指挥过，就在不久前，作品是《一个美国人在巴黎》。要知道，在此之前我从未指挥过他的作品。他是个当然的天才。我在纽约见到他时，他还是个孩子。

杜波：那是哪一年？

梅纽因：大约在 1930 年或是 1931 年，那年他 32 岁，已经是大名鼎鼎了。见到他是在我们都认识的一个朋友家里。他来了之后稍微客气了几句，就径直走到钢琴前弹了起来。他人很消瘦，不想说话，只想弹琴。他是属于那种被创作欲望燃烧的人，对他来说，演奏钢琴是着迷过瘾的事，而聊天只是一种消遣。除了把生活转换为音乐的语言之外，他别无所求。

杜波：格什温死的时候才 38 岁，《一个美国人在巴黎》《钢琴协奏曲》《蓝色狂想曲》和其他为数不多的作品，属于他的协奏曲，你怎么评价它们？

梅纽因：他的缺点大多暴露在他的大部分协奏曲中，在结构的衔接处可以看得很清楚。但对我来说，这些曲子在任何时候都比那些只有完美结构的作品更有价值。格什温的冲动、想象

---

1 格什温（George Gershwin，1898—1937）：美国作曲家、钢琴家。

力和扭曲的节奏,所有这些模式都变成了爵士乐的代码。但从某方面来说,只有在我指挥了《一个美国人在巴黎》的时候,我才真正感受到格什温的力量。事实上,在指挥这部作品时,我才感觉到自己是纽约出生的人。这部作品是锋利的、嘲笑的、讽刺的、高雅的,同时又带有一种真正的纽约的机智。

杜波:让我们谈谈现代小提琴作品的那些先驱者吧。那些18世纪的意大利小提琴作曲家是多么出色啊。姑且称他们为"前帕格尼尼大师"吧。

梅纽因:啊,真是个群星璀璨的阵容:维瓦尔第、科雷里[1]、塔尔蒂尼[2]、洛卡泰利[3]、维塔利[4]、维奥蒂[5],个个都了不起。他们都喜爱小提琴,渴望让小提琴发出美妙的声音。当然了,他们也喜爱人声。我敢肯定,这些小提琴家都会使用颤音。有一种观点我不敢苟同,有人认为小提琴家们不懂得使用颤音。持这种观点的人不可能是意大利人,想必也不喜爱唱歌,不了解人的嗓音。其实颤音对我们并不陌生,如果你天生是个小提琴家,你当然不会故意把颤音和小提琴演奏截然分开。

杜波:我知道你也喜欢指挥这些小提琴作曲家的大协奏曲,比如像科雷里的大协奏曲。它们充满了活力。

梅纽因:我喜爱它们。最近我在柏林指挥了科雷里的《圣诞

---

1 科雷里(Arcangelo Corelli,1653—1713):意大利小提琴家、作曲家。
2 塔尔蒂尼(Giuseppe Tartini,1692—1770):意大利小提琴家、作曲家、教师、理论家。
3 洛卡泰利(Pietro Locatelli,1695—1764):意大利小提琴家、作曲家。
4 维塔利(Giovanni Battista Vitali ,1632—1692):意大利小提琴家、作曲家。
5 维奥蒂(Giovanni Battista Viotti,1753—1824):意大利小提琴家、作曲家。

协奏曲》。表面看起来，维瓦尔第和科雷里的音乐很简单，其实它们有着近乎严密的有机结构。这真是不可思议。只要你研究上几个小节，就会从对位、赋格、低音旋律线、模仿和其他作品因素中发现，作品的复杂程度竟让人难以置信。

杜波：我希望更多地演奏洛卡泰利的作品，他对小提琴有着非凡的理解力。

梅纽因：哦，一位真正的大师。洛卡泰利的大协奏曲难度非常非常大，不演奏他的作品真是太遗憾了。

杜波：在小提琴的历史上，莫扎特的父亲利奥波德[1]占有一个什么样的位置呢？

梅纽因：他留下了最好的小提琴教材，一本入门指南。不仅在技巧上，而且在装饰音的运用方面都很有价值。像音符怎么拉得更优雅等，诸如此类的问题。显然，他是一个经验丰富、素质良好的音乐家，这一点毫无问题。利奥波德对他儿子的影响是至关重要的，如果没有他，我相信他的儿子不会有那么大的进步，也不会成为神童。

杜波：有一段时间，利奥波德在新闻媒体的名声很不好，这和《阿马丢斯》的上演有关。

梅纽因：是这样。黛安娜看过那个剧的演出，我在波恩看过电影。我得跟你说，尽管某些历史真相可能会受到歪曲，我还是挺受感动的。

杜波：不错，是个好戏。但很多人不愿意把他们心目中的英雄弄得像个滑稽的小丑，或者说，显得有些荒唐可笑。

1　利奥波德·莫扎特(Leopold Mozart,1719—1787)：奥地利小提琴家、作曲家。

梅纽因:说得对！谢弗(Schaffer)曾写过一篇出色的文章,登载于伦敦《泰晤士报》上。这件事我印象很深。他说莫扎特的歌剧《狄多的仁慈》用的全都是大调,而剧中弥漫着的情感却有一种深刻的悲剧性。作者是个俄国的犹太人,他不能想象竟有这样的作品。一般说来,只有小调才能表现悲剧性。然而莫扎特完美的结构具有宫廷的风范,是温文尔雅、彬彬有礼的,绝不唐突失礼、让人惊诧,无非是用大调的形式表达出强烈的激情。如果看一份总谱,比如说贝多芬的总谱,可能你会说,"这是G大调或是D大调的音阶和琶音";假如看的是莫扎特的,你会说,"这是个传统的乐句"。只要你加深一点对它们的了解,就会突然发现,其中的魔力让人难以置信。

杜波:从音乐厅到广场舞会,为什么小提琴会抓住各种类型的音乐爱好者的想象力?不知你怎么想这个问题。

梅纽因:当然,小提琴艺术家的演奏方式对观众来说有着巨大的吸引力。就说一件事,小提琴的声音非常接近人的声音,颤音的颤动和人声也很相像。琴身和琴弓像是伸展的双翼,从这种乐器中发出的声音具有神秘性。

我认为,小提琴所表达的情感与人的嗓音所能表达的没有什么不同。然而人的嗓音并不总是那么优美,张着嘴,再就有点儿呆板,看上去总有些不雅。而小提琴演奏家在有些方面有点类似口技演员,发出的声音似乎来自于他,似乎又不完全是。声音超越了他自身,显得有些神秘。对听众来说,小提琴的声音能够唤起某些情感,这一点其他乐器比不了。

杜波:小提琴演奏家的艺术个性中,最无法仿效的是什么?

梅纽因:哦,就像歌唱家的声音一样,小提琴演奏家的琴声也是有个性的。海菲茨的声音是独一无二的,艾尔曼[1]、奥伊斯特拉赫、克莱斯勒、埃乃斯库的声音,在我听来都各不相同。长期以来,那些言必称乐句和结构的批评家很少说到小提琴家所表现出的声音的特性,直到最近才有人重提此事。对于那些想要成为批评家的人来说,学会描述一个小提琴家的特殊的声音是非常重要的,这是起码的。

杜波:胡内克(James Huneker)说,在所有的乐器中,小提琴具有优雅的神经系统。

梅纽因:我认为这句话很对。比方说,小提琴比中提琴优雅得多。在现代的中提琴制造家中不乏优秀的人才,但他们还没有制造出能够与过去意大利名琴相媲美的中提琴珍品。这算是个佐证吧。小提琴确实是最优雅的乐器,它用最有人情味儿的方式向我们倾诉。

杜波:小提琴演奏家在舞台上有一种魅力,也许任何其他的乐器演奏家都不能与之相提并论。帕格尼尼曾经说过:"我像罪犯一样丑陋,我所能做的唯有演奏小提琴,于是女人们拜倒在我的脚下。"小提琴独奏者在舞台上的自由度可以说是独一无二的。

梅纽因:说到点子上了。他的脚可以挪动,而钢琴家却被拴在他的乐器上,而且钢琴看上去总显得有些笨拙。每当我发现钢琴的某些音乐以外的新用途,就会取笑我的儿子杰瑞米,"啊,最近我听说了钢琴的一种新用途……"我的一个朋友到斯坦威钢琴制造商的夏季别墅去玩。那儿有一个湖,他们乘坐一条小

---

1 艾尔曼(Mischa Elman,1891—1962):俄裔美国小提琴家。

划艇，样子看上去很别致，原来是用斯威坦的大钢琴改制的。于是我说："不错啊，至少这是钢琴的一个特殊用途嘛。"话虽是这么说，可我是喜欢钢琴的。

杜波：从前你说过小提琴的声音和形状是源于集体无意识，是这样吗？

梅纽因：当然是这样。几乎没有一个民族、一种文化不具备自己的弓弦乐器的。如果你有机会参观莫斯科的民族器乐博物馆的话，就会看到各式各样的小提琴，那些乡村木匠和手艺人做的乡村小提琴真是不可思议。提到小提琴，我们就会想到它的灿烂的结晶——最终发展定型的意大利琴，那是在17世纪，在意大利的克里莫纳[1]和其他一些地方。当你看到那些小村庄是怎样精心制作弓弦乐器，看到弓弦乐器演奏的那些音乐，包括舞会、订婚仪式、助兴曲等优美的曲调，再想想那些还没有现成的提琴的吉卜赛人，你就会慢慢理解小提琴的背景是什么，就会明白为什么我总是把即兴演奏和现场聆听演奏当作学习小提琴的最重要的因素。一个小提琴演奏家即兴演奏的能力会影响他手中的琴，我认为这才是小提琴演奏的关键之处。

杜波：你认为小提琴是怎么发展演变而来的？

梅纽因：第一次弦的振动可能是弓箭射出引起的。把一根弦固定在弯曲的木棍两端绷紧，就会发出某种声响。一个弦乐器的第一次发音可能由两只弓产生，就是说，相互之间在一定的角度中拉动。它的发展有两种可能：要么是同时作为音乐的器

1　克里莫纳（Cremona）：意大利北部的一个城市，16—18世纪制造小提琴的主要城市之一。也有以克里莫纳作为品牌的小提琴。

具和打猎的器具,或者是作为求爱的工具来射黛安娜女神的心。很有可能是同时发展起来的,就像我曾断言的那样,音乐的产生先于语言。因为音乐是有序的声音,纯粹的声音,也许是第一声有序的噪声,接下来是声音和节奏,再往后想必出现了语言和字母。人在唱歌之前,至少先会发出一些不太悦耳的声音;在发出音节之后才会呼喊。这些不会有什么疑问。至于第一件乐器、第一件弦乐器是否用作武器或是纯粹的乐器,也许我们永远也不得而知。但是我认为,人们最初想必是出于好奇心把一根绳子系在一段细树枝上,出于某种原因把树枝弄弯,然后发现树枝发出了颤音。

杜波:小提琴曾使你陷入困境或是让你感到厌恶反感吗?

梅纽因:有过那种时候,想在琴上捕捉或是表达什么,却感到并不得心应手。但随着新的发现和新的能量的获得,这些时期总会过去。这种情况我遇到过几次。当然,遇上我状态特别好的时候,我真想把我曾经演奏过的曲子统统重录一遍。

杜波:小提琴太优雅了,而当你作为一个指挥时,你要驾驭一个庞大的乐队。

梅纽因:我喜欢这种对比。小提琴的音准是用毫米计算的,在指法和音高方面要求很精确,需要很好的训练。有点儿像走钢丝。要是一天不练琴,我就觉得这一天白过了。缺少了练琴,就有点儿六神无主的感觉。它成了我一辈子的习惯。而指挥的学问要大于生活,它是巨大的欢乐,更是伟大的责任。

杜波:在这个世界上,你的面孔已经成了小提琴家的象征。至少我是这么看的,在我大约 12 岁的时候就有了这种看法。

梅纽因:你怎么能这么说呢,最著名、最有个性的小提琴家的脸不是帕格尼尼的吗？人们认为，那才是小提琴家所应该有的样子。他身上有某种恶魔似的东西，那是个无法抵御的魔鬼，也许这就是灵感的来源。

杜波：是的，我觉得你应该在那部描写帕格尼尼的电影《魔弓》中代替格兰杰（Stewart Granger）饰演帕格尼尼。

梅纽因：哦，如果你看到过我的演技，就会觉得电影里的表演什么都不是。我不会演戏，但我曾鼓动过他们给我一个出镜的机会，因为他们也是这么想的。那是在1945年，当时我正在伦敦向黛安娜求婚，有机会尝试一下拍电影倒是挺开心的事。这似乎是我遇到过的唯一的机会，尽管我十分清楚，即使我有这个才能我也没这个时间。但我还是让他们如愿以偿了。于是，我一本正经地穿上了带银色纽扣的鞋和花边衬衫，看上去尽可能地像帕格尼尼的样子。接下来，我不得不和卡尔温特（Phyllis Calvert）演剧院楼座那场戏。当剧情到了我只有简短的一句话“你为什么爱我”时，我真有点儿说不出口，觉得自己就像个傻瓜。不管怎么说，我都没有资格演那个角色。

杜波：我看过剧照，我觉得你的扮相相当不错。

梅纽因：是吗？我的孩子们看了那些剧照笑得都不行了。

杜波：我真为你高兴，在电影里你差不多就成了帕格尼尼了。当然，你演奏过帕格尼尼的作品，你拉的《D大调协奏曲》已经成了公认的经典之作。

梅纽因：那首协奏曲就像意大利歌剧，我一直喜爱意大利歌剧，喜欢意大利的歌剧风格。我羡慕头牌女主角的自由自在，如今我很愿意为她们伴奏。这使我想起第一次在加州学开车的情景，当时我只是个12岁的男孩。我的驾驶执照也是在那时领取的，我喜欢顶着飓风跑在最坏的道路上。今天我为稍微有点儿乖僻的女高音伴奏能够找到同样的兴奋。驾车跑在情况不明的道上和为一个女高音伴奏，这两件事有某种相同的快感。

杜波：罗西尼为乔治二世弹完伴奏之后，国王说："罗西尼，你真是不同寻常啊。在你之前，没有人能为我弹伴奏。"罗西尼回答："是的，陛下，我愿伴随您到任何地方，哪怕是到地狱。"

梅纽因：说得真妙！

杜波：这似乎是老生常谈了，作家们仍然称帕格尼尼为历史上最伟大的小提琴家。你同意这种说法吗？你怎么评判类似的事情？

梅纽因：我同意这种说法，真的，因为他训练出了一种魔力，无论在他之前还是在他之后，哪个小提琴家也不能与他相提并论。他有非凡的个性，而且还是个独一无二的奇迹。他有一种让听众兴奋不已的本领，知道怎样展示自己，而且还远远不止这些。他是音乐方面的完人、伟人，是个天才。他的作品，他的《随想曲》都是佳作，曲调非常优美。

我认为，作为一个作曲家，帕格尼尼被低估了。今天我们常说，他的音乐是浅薄平庸的，但是他做了很多事情，他对小提琴的贡献是可圈可点的。当然，我们绝不会忘记，他的传承是来自许许多多的前辈，他们都是非常了不起的小提琴家。当你开始接触维瓦尔第，接下来是洛卡泰利、塔尔蒂尼，还有其他别人，似乎每个人的出现都不是意外，就像斯特拉第瓦里[1]的出现不使人

---

1 斯特拉第瓦里（Stradivarius）：意大利小提琴制造家安东尼·斯特拉第瓦里（1644—1737）及其家族。

感到意外一样。这些小提琴艺术家和瓜奈里[1]、斯特拉第瓦里这些小提琴制造家,共同繁荣了小提琴艺术;因此在那个时代,小提琴艺术发展到了顶点,成了世界上最重要的乐器。在当时,它比羽管键琴更引人注目。今天,除了小号之外,钢琴成了最引人注目的乐器。小提琴是意大利人努力仿效人的嗓音制造的乐器,它是歌唱的乐器。

杜波:你认为帕格尼尼是个悲剧性的人物吗?

梅纽因:我是这么认为的。我的妻子在伦敦收集了帕格尼尼最精彩的肖像和他的演出海报,我也收集了许多他的手稿,从中了解到他的确是个悲剧性人物。我有一张他晚年的肖像,他看上去是那样的悲哀,那样的憔悴,那样的……是个遭受了许多苦难的人。我这样想,人如果没有受过一些灵魂上的折磨和煎熬,就不可能那么优美地演奏小提琴。我确信帕格尼尼有过这种难以置信的苦难经历,走过曲曲折折的道路,过着一种具有献身精神的狂放不羁的生活。我这里说的不是那种放荡,而是说他的确遭遇了不计其数的艰险。他也很爱他的儿子,是个想要过好婚姻生活的男人,但却没有成功。在人们都沉湎于宗教和迷信的时代里,他的确是一个不同寻常的人物。他那打动人的能力要归于他的想象,归于那个幽灵的世界,那是我们无法控制的力,是魔鬼。我认为他成为悲剧性人物的原因就在这里。从另一方面来说,他倒是个理财的行家。他是个落魄的新式音乐会的大师,巡回演出大师。

杜波:没准儿也是第一个出色的广告宣传家。

1　瓜奈里(Guarneri):17—18世纪,意大利一个制造小提琴、大提琴等弦乐器的家族。后来也指他们制造的乐器,尤其是小提琴。

梅纽因：不错，很快他就掌握了。毕竟是意大利人，有着地中海地区人的心灵和头脑，既有激情又有悟性，而且才思敏捷。他有一种攻无不克的本领，绝对是个最具迷惑力的人，从某些方面来说，也许是个琢磨不透的人。

杜波：你说的这些让我想起了德拉克洛瓦在1831年给他作的那幅画，当时帕格尼尼轰动了整个巴黎。

梅纽因：是这样。我也有一幅英国画家给他画的肖像画，作于他临终前的一两年。我几乎不能描述画面上他那张悲怆的面孔。

杜波：你把帕格尼尼放在器乐史上的什么地位？

梅纽因：至高无上的地位。

杜波：今天，一个现代小提琴手如果不研究帕格尼尼能成为真正的小提琴家吗？

梅纽因：当然也能，但是我认为每个小提琴家都应该研究他。埃乃斯库向我介绍了帕格尼尼，他让我演奏他的作品。那个时候，《D大调协奏曲》只能演奏第一乐章，而且只有维尔黑姆[1]的改编本。埃乃斯库对我说，你该演奏整个作品了。当然，这可是非同小可的事。我演奏过不少帕格尼尼的作品，真得谢谢埃乃斯库领我入门。

杜波：你真的认为，当时像维也纳、热那亚、伦敦等一些大城市患了“与魔鬼结盟”的综合症，把帕格尼尼说得神乎其神吗？迷信真的能让那些高明的音乐会常客相信那样的事？

---

1 维尔黑姆(August Wilhelmj，1845—1908)：德国小提琴家、教师，曾为古典小提琴协奏曲写过华彩乐段。

梅纽因:我想他们也许会相信,他们确实相信魔鬼附体。要知道,他很有能量。还有,他连基督教的葬礼仪式也不遵守。其实即使在今天,我们也不能超越迷信。看看占星术,那是当下最时髦的玩意儿。

杜波:评论家们在谈到浪漫派时期的时候,有过这样一句话,叫作"大师即英雄",对你来讲这句话的意思是什么?

梅纽因:我认为那是一个个性化的时代,无论是拿破仑还是帕格尼尼,或是那些敢作敢为、野心勃勃、禀赋聪颖的人们,都给这个世界留下了印记。那也是资本主义的初期,是人民大众的新开端,从那时起,大众不再是精英的附庸。意大利到底是个摇篮,有那么多人喜欢音乐。

杜波:对于帕格尼尼之后的那些大师,比如维厄当[1]、维尼亚夫斯基[2],你是怎么评价的?你跟约阿希姆[3]那一派的传统有过接触吗?

梅纽因:我认为,帕格尼尼之后的19世纪小提琴家是浪漫的富有激情的人。他们也都是作曲家,只不过不是行家里手而已。他们与我们过去所了解的小提琴家同样伟大。在相当长的一个时期中,创作与诠释并不分家。就拿约阿希姆的传统来说,也许只有布施[4]可以同他并驾齐驱。在我还是个孩子的时候,帕辛格(Louis Persinger)给了我约阿希姆的协奏曲让我学习,那是一部相当长的作品。是不是现在没有人演奏了?

---

1 维厄当(Henri Vieuxtemps,1820—1881):比利时小提琴家、作曲家。

2 维尼亚夫斯基(Henryk Wieniawski,1835—1880):波兰小提琴家、作曲家。

3 约阿希姆(Joseph Joachim,1831—1907):匈牙利小提琴家、作曲家。

4 布施(Adolf Buch,1891—1952):德国小提琴家,作曲家。

杜波:是匈牙利协奏曲吧?这部作品现在有两个版本,其中一个是罗桑(Aaron Rosand)的。这是一部给人印象深刻的作品,最早是由约阿希姆本人在魏玛演奏,李斯特指挥的。李斯特在魏玛担任音乐总监的三个音乐季中,约阿希姆在那里演奏。

梅纽因:这我倒是不知道,真有意思啊。

杜波:在你成长的过程中,你最喜爱哪些小提琴家?

梅纽因:海菲茨、艾尔曼、谢德尔(Toscha Seidel)、津巴利斯特[1],所有奥尔[2]的学生都滋养过我。那是在旧金山,当时我是个孩子,他们都是奥尔的学生。我听过他们的许多录音,特别是海菲茨的。听他的录音我非常用心。

杜波:每个小提琴家都很敬畏他们。海菲茨所达到的完美的技巧是理想的高度,让人望而生畏。

梅纽因:这我知道,但我还是决心像海菲茨那样演奏《无穷动》和《妖精之舞》,有的时候,掌握那些技巧让我遇到一些麻烦,不知道该怎么办好,但我最终还是掌握了。

杜波:你认为海菲茨知道他自己的演奏水平有多高吗?

梅纽因:我想他是知道的。他的那位伟大的导师奥尔给了他绝好的学校教育,这使得他从不退缩。我佩服他那完美的控制力,每场演出几乎完全一致。我无法建立他那套体系,对于我来说,每一演出都事关重大,我要在演出中体验某种鲜活的、独一无二的东西。我不能超越我自己,我很佩服那种本事,事先只花一点点精力就把一切都搞停当。

---

1 津巴利斯特(Efrem Zimbalist,1889—1985):美国小提琴家、作曲家。

2 奥尔(Leopold Auer,1845—1930):生于匈牙利的小提琴家、教师,约阿希姆的学生。

杜波:表面上他有点儿无动于衷,但内心里却潜藏着深深的激情。

梅纽因:他不让更多的东西表面化,我认为,他很为自己非同一般的控制力感到骄傲,他属于那种喜欢控制一切的人。他不是个容易与人相处的人,由于他为人耿直,恐怕身后没有留下几个朋友。这实在是件遗憾的事,因为他是位伟大的艺术家,我尊敬他。

杜波:我们来谈谈那个比海菲茨更难捉摸的小提琴家,你特别喜欢他的演奏,我指的是克莱斯勒。

梅纽因:好吧。我年轻的时候,老想赶上海菲茨演奏的帕格尼尼的《无穷动》,但是对我来说,同克莱斯勒轻而易举就得到的那些东西去竞争却有些难度。克莱斯勒是我所认识的小提琴家中最有绅士风度的人,他的演奏就像他的人一样和蔼可亲。他一演奏起自己的作品,热爱他的人们便融入他的音乐之中。在旧金山我还是个孩子的时候,我一听他的音乐便领悟了:他的音乐讲述着旅行,讲述着各个国家,讲述着那些我闻所未闻的各国文明。这使我明白了,一个只有童年经历的人是不能像他那样演奏的。他的说话方式,亲切的态度,还有其他一些素质都是我学不会的。克莱斯勒所表现的东西是别人不能模仿的,因为那来自他生活的经历。他所拥有的必须是有生命力的。当时我是个远离维也纳的孩子,远未感受到沧桑的人生。过了很长时间,我才能够按自己需要的方式去演奏克莱斯勒的作品。

杜波:有人说过,高雅的音乐可以让人热泪盈眶,但人们绝不会知道什么时候被感动。

梅纽因:是啊。那是 1936 年,在巴黎,那一刻终于到来了。

当时我已经21岁,没有什么借口拉不了《美丽的罗丝玛林》或是《维也纳随想曲》。我硬着头皮演奏,真有点儿像个缺乏信心的孩子或是毛头小伙子。我录了音,今天,《美丽的罗丝玛林》真的确立了一个典范。

杜波:用优美的音色打动观众的小提琴家要算是艾尔曼了。

梅纽因:哦,那是当然。他的演奏我听得太多了。人人都喜爱他的音色,他的发音。那声音实在是动人,充满了人情味儿。他习惯于在舞台上走动,我小的时候,有一次看他一边演奏一边绕着舞台转了一圈,给我留下的印象太深了。他那一圈走得完美无缺。

杜波:真的是随心所欲。

梅纽因:他就是那么随意,一点儿也不束缚自己。他的演奏美妙极了,完全沉浸在音乐中。人们往往会觉得他左手的滑行和老派的架势有些可笑,然而他确实是无法仿效的。

杜波:你曾经为艾尔曼演奏过吗?

梅纽因:演奏过。当时我还是个小孩,一个偶然的机会被人拖去为著名的音乐家拉琴。我跟着父亲还有帕辛格来到艾尔曼下榻的旅馆,从旅馆的房间可以俯瞰旧金山邮政街。帕辛格的话匣子一打开就说起卡萨尔斯,称他为伟大的音乐家。艾尔曼说:"是的,但他不过是个大提琴家而已。"接下来是我为艾尔曼演奏,他是一个了不起的人,可是我实在想不起当时他是怎么评价我的。但这并不要紧,要紧的是我为他"拉过"琴了。

杜波:说说你了解的或是与你一起合作过的演奏家吧。霍洛维茨在1989年底去世了,活了86岁。不用说,他是世界上声名最为显赫的钢琴家。你了解他吗?

梅纽因:那还用说,早在他和万塔[1]热恋的时候我就认识他。第一次遇到他是在意大利,那年我19岁。我记得我们带他们一起去野餐,有万塔、皮亚蒂戈尔斯基[2]、我的父母和姐妹们,还有一些其他的人。其实霍洛维茨并不想来,他一心想要工作。过去我们常常在晚上去看他们,他整天都在练琴,一直是这个样子。记得有一天晚上,他已经弹了一整天肖邦的《革命练习曲》,见我来了,想炫耀一下。他显得很有信心,想要好好表现一下。我从没有见过像他这样的,他对琴键的那种专注真是让人惊讶。在控制力、触键和表现力等方面,霍洛维茨有他独到的天赋。他是个停不下来的人,他手中的乐器使得他停不下来。他完全被钢琴占有了。在这个世界上,我们需要这样的占有,需要人们能够像他那样投入。俄罗斯的艺术家、舞蹈家、小提琴家,都是艺术的拥有者,这是值得宣之于口的事情。只有你把自己的一切,包括你的生命全都献给艺术,艺术之花才能盛开。霍洛维茨就是如此。

杜波:晚年他练琴不那么勤了,但仍然比他告诉人们的要多。年轻的时候,他就像个钢琴的守护神,从来就没有像他那么刻苦的人。他知道这样才能弹得更出色。

梅纽因:他心系钢琴,与钢琴共哀乐,他的生命与钢琴联系在一起。钢琴的琴键紧紧地把他锁住。

杜波:对你来说,你的妹妹赫夫奇芭也是精神相通的姐

---

1 万塔(Wanda Toscannini):著名指挥家托斯卡尼尼的女儿。

2 皮亚蒂戈尔斯基(Gregar Piatigorsky,1903—1976):俄国出生的美国大提琴家。

妹吗?

梅纽因:从许多方面来说我们都是一起长大的,她是我最好的听众。正是通过她我才得到我的第一个犹太法学老师的教导,道德方面的指教,以及所有的一切,包括音乐。她是个最内行的听众,又是一个可亲可爱的人,当然,她还是个相当不错的钢琴家。她天生就不喜欢把生活戏剧化,不像常人那样爱好打扮。就其表演来说,无论在服饰上还是在其他方面,她都是最不爱张扬自己的人。黛安娜得到过她送的衣服,她自己却对穿戴打扮毫无兴趣。其实她很美,很有光彩,但她总是含而不露。法国人很喜欢她的演奏,在她的演奏风格中,她最重视的就是节制。她讨厌卖弄夸张的演奏,她自己甚至连一个音符也不会弹错。赫夫奇芭根本不听从钢琴的摆布,她有点像古尔德。事实上,她花在练琴上的时间很少,可是一会儿就能学会一首曲子。她的演奏很亮丽,很有音乐味儿,却不事修饰,绝不会有矫揉造作之态。这就是她全部的演奏特点,一些很有教养的观众知道了她,他们理解这种演奏风格。当然,从感情上来说,我很想让她多一点儿展示自己的机会。我的另一个妹妹雅尔塔比她浪漫,更多愁善感些。

杜波:对于你跟赫夫奇芭的经常合作你满意吗?

梅纽因:总是很满意,总是非常满意。因为我们就像是一个人。对我们俩来说,要是不像一个人简直是不可思议。

杜波:你还是个正在成长的小孩子的时候,帕德雷夫斯基还在演奏钢琴。作为一个钢琴家,第一次世界大战以后他一直出任波兰总统。你还能想起关于他的什么事吗?似乎他离我们已经非常遥远了。

梅纽因:顺便说一句,他那首著名的钢琴小步舞曲是我公开演出的第一首作品。那是在旧金山的基督教青年会,由我母亲为我弹伴奏。我遇到他的时候还是个孩子,音乐会之后他去了洛杉矶,我则返回了舞台。他真了不起,是个伟大的人。很少有人能够把音乐和政治联系在一起,但是他能够做到,特别是在中欧那种地方。音乐是我们这个世界多么重要的一部分啊。

杜波:他的确是富有个性和浪漫英雄气质的艺术家。

梅纽因:他有风格,他演奏起玛祖卡和波洛乃兹舞曲独具一格。

杜波:说到这儿,我想起帕德雷夫斯基的同胞鲁宾斯坦。

梅纽因:呵,鲁宾斯坦琴风独特,绚烂华丽。他热爱生活,就连他身边跟他聊过天的那些人都感到很快活。他对我的儿子杰瑞米慷慨大方,出席杰瑞米的巴黎音乐会,并给予他很高的评价。有两次,他还邀请我的儿子到他巴黎的寓所做客,待了一整天。鲁宾斯坦身上那种老派的魅力,在今天这个世界已经消失得无影无踪了。他活得安闲自在,在他那个艺术世界中他就是主宰。他喜欢享受,但很节制;他自身寻求快乐,在舞台上,在不同寻常的一生中都是如此;但他也把许多快乐分享给别人。他的行为举止就像个贵族,伴随这种显赫而来的也有其自私与自负,还有别人的宠爱。但他绝不滥用这些名誉。直到晚年,他都保持着雍容优雅、广交朋友的风度。

杜波:除了与赫夫奇芭,你是否还有过与其他人合作的愉快经历?

梅纽因:在我的一生中有许多非常优秀的合作伙伴。我的老师帕辛格弹得一手好钢琴，还有埃乃斯库，顺便告诉你，他不但是个了不起的小提琴家，他的钢琴也弹得棒极了。克莱斯勒和海菲茨只是偶尔弹弹钢琴，可是弹得相当出色。大提琴家中，罗斯特罗波维奇的钢琴演奏也让人刮目相看。我觉得盖泽勒(Marcel Gazelle)和巴勒(Adolph Baller)也是一流的钢琴家，我年轻的时候还同巴尔萨姆(Artur Balsam)合作过，他是个挺出色的音乐家。最近一段时间以来，我的合作者是科克(Paul Coker)，一个可爱的年轻人。偶尔我也和我的儿子杰瑞米一起演奏，我们两个挺合拍的。生活的道路上充满了挑战、渴求和劳顿，所以你得善待那些与你同行的同伴。毕竟是同行，饮食、练习和演出都在一起。

杜波：你同施纳贝尔(Artur Schnabel)一起演奏过吗？他最擅长演奏贝多芬的作品。

梅纽因：是的，在汉普郡我的家里。我们一同演奏贝多芬的奏鸣曲。他比黛安娜还了解我。他有点儿让人烦，太较真儿了。他曾谈起过流行的话题宿命论——

杜波：什么意思？

梅纽因：我闹不清，我想大概是人得接受某种命运的安排，但还需为之做点什么。人们称他是最得贝多芬真髓的人，当然他也是个相当好的音乐家。

杜波：你对托斯卡尼尼印象怎么样？

梅纽因：他真正激发了我的灵感。在纽约的时候，只要是他的音乐会我场场不落。就这样，我听了他指挥的贝多芬和勃拉姆斯全部的交响曲，还有许多别的作曲家的作品。对我来说，真是获益匪浅。我极为钦佩他，后来有了更多的了解。有两次从那不勒斯到纽约，我都与他同乘一条船。每天他都到我的船舱来，我就为他演奏。有一次，我父亲和托斯卡尼尼在甲板上聊天，他说起在美国时间安排得非常紧，事关所得税方面的法律问题。这件事给我父亲印象很深，大概他以为，一个音乐家不会有什么商业头脑。但是不管怎么说，他都是个伟大的音乐家，对音乐的爱心、激情和奉献精神绝不打折扣。在音乐上，他不能容忍不按他的方式来表达；他对人要求相当苛刻，当然都是合理的。甚至就连他那人所共知的坏脾气也被人接受了，因为大家都是音乐的仆人，而不是服从于某个单独的个人。要是有什么地方达不到他的标准，他简直会气得发疯。

杜波：我们再来谈谈另一个指挥富特文格勒，想必你会对他的政治生涯有所诟病。

梅纽因：我的确很厌恶他在政治方面的所作所为。富特文格勒是个独一无二的指挥家，他不喜欢节拍或是小节线，他所想要的只是音乐。有一次排练贝多芬的协奏曲，他喜欢慢乐章。他说："记住了，今天晚上就按这个速度。"其实，这么说是挺没有道理的。因为有的人记住了他要的这个速度，而另外一些人演奏时还是按自己原来的速度，这么一来，从第一小节起就两下里岔开了去了。当然，他也是生活在自己的音乐中的，他不是个冷冰冰的毫无热情的分析家。他了解自己的音乐，他也是个作曲家，而且是个挺出色的作曲家。我跟你说，最近我指挥了富特文格勒的第四交响曲，那个作品还真挺复杂的。他属于那种威仪堂堂的老派音乐家，是个大师级的人物。

杜波：你跟克伦佩勒交往时有些什么感受？

梅纽因：我跟他最后一次共事是一起录制贝多芬的作品。

他是个非常出色的音乐家，但我总是感觉他像一块切割粗糙的金刚石，别人也这么说。他有些粗鲁，显得没有教养。有一次，欣德米特[1]来讲课，讲课结束时他问道："有什么问题吗？"坐在前排的克伦佩勒故意大声说："厕所在哪儿？"有关他的这些故事挺多的。

杜波：我读过布朗热写的一段话，她是个让人尊敬的女性。她写道：

> 我觉得注意力是思想的一种状态，它能让我们察觉出思想的来龙去脉。这是一种非常神秘的幻觉体验，在白天的时候，它们显现为一种极度的专心。圣特雷莎经常进入到我的脑海。她是个伟大的圣徒，伟大的精神使者，她仍然按她称之为"枯燥无味的祈祷者之日"的方式行事。她日复一日地祈祷，从不停止；然而什么事情也没有发生。但是当她想要聆听的时候，神的启示就降临了。在艺术中，我们把这种情形称为灵感。一个人只有成功地抓住自己的思想，抓住自己真实的思想，深入到思想的深处，当此之时，才能触摸到真理，才能建立起思想与真理之间的桥梁。

你是怎么获得这种聚精会神的注意力、获得这种沟通的桥梁的呢？我认为，这正是你的艺术特色的关键所在。

梅纽因：音乐使这种沟通成为可能，实际上是与作曲家思想

---

1 欣德米特(Paul Hindemith，1895—1963)：德国作曲家。

的沟通。我喜欢研究总谱,进而追寻作曲家的思想脉络。这样不仅可以了解作曲家的思想,而且还能知道他们的灵感是什么。音乐本身有助于相互交流,所以在全世界,无论是什么宗教信仰,无论在什么场合,音乐都是通行无阻的,因为音乐能够把人们融入相同的情感中。布朗热是个难得的教师,一位非同寻常的女性,她总是强调人的这种注意力。她相信,只要你走好前进道路上的每一步,就能够达到灵感的境界。

有许多这样的时刻,当万事俱备、各就各位时,如果你并不真的准备为事业献身,那么你还是不能达到目的。

杜波:也许布朗热是本世纪最具盛名的作曲教师,是一位不朽的音乐家。你遇到她是在什么时候?

梅纽因:初次见面我就为她所折服,每个人都是如此。包括我的儿子杰瑞米,他曾跟她学习过。她对他非常好。那年我遇到她的时候刚满11岁,当时我正在巴黎学习。记得第二年在一个盛大的聚会上,我坐在她的旁边,跟她讨论巴赫的无伴奏小提琴曲《C大调赋格》。布朗热看上去很坚定,稳如直布罗陀山的花岗岩,同时又带着一位母亲的爱的关切。这位尊贵的夫人要求严格,对音乐有着永不疲倦的献身精神。在音乐上精益求精,在宗教信仰方面是个虔诚的天主教徒。在那些最挑剔的法国知识分子的眼里,她依然风采独具;而她的身上也有非法国化的一面,那就是狂放不羁、慷慨大度的俄罗斯精神,充满了无穷无尽的活力。

杜波:想想她对美国作曲家的影响吧。科普兰、汤姆森[1]、哈里斯[2]、卡特[3]等十几个作曲家都汇聚到她的门下。他们崇拜她,她对每个人的影响都是不可估量的。

梅纽因:布朗热对我的音乐学校的帮助让人难以忘怀。我清楚地记得,她对学生集中注意力和自我约束的要求相当严格,同时又激发他们的创作灵感。我个人和她合作过许多个音乐季,也邀请她出席我在巴茨和格斯塔德的音乐季。我们一起演奏室内乐,她弹钢琴,还指挥,甚至带合唱团。布朗热在演奏中注重上拍而不是下拍,卡萨尔斯也是这样。

在节拍中,下拍可以让弓尖随着惯性走,而上拍则是意志和决断的暗示。

杜波:你很了解卡萨尔斯吗?

梅纽因:非常了解。他是个乐思泉涌的音乐家,差不多每个音符都有一个含义。他特别重视细节,我常常把他比作是一个拿着放大镜观看手表的珠宝商。他也是个有信念、有激情的人,但也许他算不上是一个大人物,虽说他本该跻身其列。

战争刚刚结束后不久我去看他,当时他住在普拉德斯一座两层公寓的楼上。见到我他非常高兴,在立式钢琴上为我弹奏他的清唱剧的片段,一边弹着,泪水一边顺着脸颊往下淌。

他指责科尔托[4]与维希政府合作的通敌行为,但却高度赞赏富特文格勒。那是战后我刚刚和富特文格勒合作不久,当时我

---

1 汤姆森(Virgil Thomson,1896—?):美国作曲家、音乐评论家。

2 哈里斯(Roy Harris,1898—1979):美国作曲家。

3 卡特(Elliott Carter,1908—):美国作曲家。

4 科尔托(Alfred Denis Cortot,1877—1962):生于瑞士的钢琴家、指挥家。

说:“为什么不再和他演奏勃拉姆斯的《二重协奏曲》?”卡萨尔斯说:“我喜欢演奏那部作品。他是个清白的人。”他就是这样一个人。无论怎么说,岁月年复一年地流逝,我总是忘不了他言犹在耳的善解人意。他的那番话对富特文格勒来说意味深长,完全是一种和解的姿态。他最后写给我一封极为纯真的信,实话实说。他在信中说:“我得告诉你为什么我不能那样做。人们认为我是反法西斯组织的领导人,在纽约,我的名声很大。如果我同富特文格勒一起录音,人们一定理解不了。”你看,这就是他的心声,他没有打算遵从自己的信条,他相信保持自己形象的清白比按照自己内心所想去做更重要。如此真诚真让我惊诧不已,因为聪明的人是不会坦诚相见的。这完全是肝胆相照。他承认人性的弱点,就此来说我不会责怪他。这种真诚感动了我。

杜波:科尔托、蒂博[1]和卡萨尔斯在1905年组成了一个三重奏团。可是许多人这辈子都理解不了,科尔托怎么就成了维希政府的文化部长,这到底是为什么?你听到过科尔托有什么应受谴责的行为吗?

梅纽因:我认为他没有做什么该受谴责的事,那些责难主要来自战争中在不同条件下幸存下来的人,毕竟当时科尔托是有工作的。从这点来说,人们对他的责难是可以理解的。从外界舆论来看,这是很容易判断的。一般公众认为,在维希政府中任职是失节行为,但我总怀疑这样做未免太极端,因为我知道人们对相似的情况往往可能会作出不同的判断。

杜波:你很关注古尔德。

---

1 蒂博(Jacques Thibaud,1880—1953):法国小提琴家。

梅纽因：的确是这样。他是个非常内向的人，有着超常的记忆力和对钢琴罕见的控制力。然而他却认为，对于他的艺术来说，所有的观众都是多余的，他不打算做巡回演出。在趣味上，他很有些北美人的特点，喜欢驾车兜风，爱摆弄小型电动装置，每天早上到股票市场转转。他把生活中的每一刻都用在创造性思维方面，用在音乐和他喜欢的一切事情上。无论发生什么情况，他在自己的专注上都不会分散任何注意力。

他和大多数人相处都会感到不自在，但对我和黛安娜却非常友好，在多伦多的时候我们总是去看他。不过他总是嫌恶同别人有身体的接触，或是自己的隐私被侵扰。记得我们拍一部片子，我去他的公寓看他。见屋里一片杂乱，我说："你这儿需要个女人，真的。"他做出一副忿忿不平的样子说："对呀，是有个女人每星期来一次啊。"我说："显然这不是个好差事。"可是古尔德说："除非我能找到像黛安娜那样的女人。"

杜波：我想引用你在一本书中谈论古尔德的一段话，在书里，你把古尔德称作"变奏"，你是这样写的：

> 没有一个钢琴家在展示自己的艺术和思想时如此开诚布公，而在表现自己时却又如此守口如瓶。古尔德就是这样一个奇人，像一块年代久远的宝石，在期待与平庸年深日久的裂隙中不择地而出。这只是个借喻，因为他只显示了短暂的辉煌，唯有他录下的思想和激情的回声能够永远地启发和激励我们。想要成功地探究这个奇人的关键是要了解他的创造性气质。
>
> 作为一个创造者，古尔德几乎是不情愿地被困在琴

键上，只能降格以求成为再创造者。通常，这个角色只能通过演出作为媒介来取悦、震惊和蛊惑观众。而他的主体创造力太强，这就决定了他的生活方式：努力使时间成为他自己私人支配的财产，几个小时，几个月，甚至是几年。

古尔德的创造世界受到巨大的压力，以至于不太为情所扰的他变得非常敏感脆弱，多愁善感，几乎是伤心欲绝。为了在文章和唱片中用音乐和文字记下他的思想与情感，以彻底实现他的理想，古尔德把自己的才华作为祭品奉献在祭坛上。

梅纽因：是啊，他的确是个令人难忘的人物。

杜波：你曾在录音室里和古尔德合作过好几次，他把艺术作为媒介的录音理念在录音的历史上推向了极致。布索尼把录音称为魔鬼般的发明。录音效果一直在接近音乐的原声，并且不断地加以改进。古尔德把录音过程看作是音乐表达的最高形式。

梅纽因：你知道，就“真实”与“逼真”这个棘手的问题，我曾和古尔德进行过一次讨论。那次谈话后来被发表了。

杜波：在此，我想旧话重提。你们各抒己见，而且都很有思想价值。你知道，古尔德在录音的衔接上花费了一年的时间，就像他第二次录制《哥德堡变奏曲》一样。我曾戏称其为《古尔德堡变奏曲》。我想知道你是怎么录音的。

梅纽因：举个例子吧。我和妹妹赫夫奇芭一起录贝多芬的第七和第十奏鸣曲，在那个早晨，我不间断地把那部作品完整地演奏了三遍，就像正式的音乐会演出一样；下午又重来一遍。然后我们就告诉录音师，让他挑选最好的一次。对我来说，采用这种录音方法可以让我觉得更直接、更有趣和更兴奋，而分节录音却没有这种乐趣。音频磁带就像一张高度安全的网，而特技演员如果只是一味地爬上爬下，就不会有下个季节的演出了。当然，明显的错误应该加以修正，因为在音乐会上，这种瞬间即逝的瑕疵可以被忽略，但在唱片上就不再是偶然事件，而成为永远的遗憾。

杜波：我同意你的看法。让我们再来听听你和古尔德有关录音问题的讨论吧。当时你和古尔德刚刚听完巴赫的《吉格舞曲》，录音停止了播放。以下是你们两人的对话：

> **古尔德：**梅纽因，现在你得承认你不大可能碰到像音乐会上的音响效果。
>
> **梅纽因：**可是我仍然听出来是你的演奏。无论你增加了什么电子技术的玩意儿，也不能使你的演奏更清晰、更完美，或者改变声音的关系，你那与生俱来的演奏方式是不可能被改变的。
>
> **古尔德：**需要强调的是，如果我在音乐会上演奏那些乐曲——当然我演奏过多次，事实上，常常是在我的沙龙音乐会上——我就不可能随意选择出那些精确的部分，就像刚才我们听到的那样。这样的作品代表了一种联系紧密的、化学的、X 光射线的性质，既精确又私人化，使我能够用一种特殊的方式对作品进行剖析。而在舞台上，我只能被迫接受一种折中的透视，对那些坐在

距离舞台稍近的听众和远远站在二楼的听众来说，差不多都可以接受。我不必告诉你这些，最终能够恰当地结束这种透视的，就是那个站在乐团前面舞台左侧的独奏者。

梅纽因：我只管演奏，效果的问题那是大厅的事。有关听众的位置不是有这么一种说法吗——一个房间里理想的聆听位置是在房间的正中央。如此说来，只要你有三个听众，那么其中有两个人的位置就是错的。

古尔德：这个事要是这么想就太可笑了。这等于是说，在德国，这个最佳位置是父亲的，在美国要归母亲，而在法国则是女主人的。

梅纽因：我承认，今天的音乐要的是怪诞，人们可以从中获得意想不到的刺激。但对于我来说，音乐只是小提琴的声音而已。尽管我有时只用两根弦或者三根弦，但我并不受现行音乐在物质手段方面的影响。

古尔德：我猜想你对电子技术的充分运用持审慎态度的原因，是怕这样做会迫使演奏者松懈某些方面的控制以博得听众的好感。说来也巧，我发现使用不使用音响技术两者各有其迷人之处。当然从美学的角度来看，效果是各不相同的。

梅纽因：你得承认，钢琴家面对的乐器与他之间有一定的角度，琴声是通过机械部件的连接发出来的；而电子设备是另一套机械操作，考虑到钢琴家的大范围控制能力，电子系统是可以接受的。但是小提琴家与琴的接近是亲切的、个人化的，这种机械设备的介入近乎一种干扰。由此我认为双方都是合情合理的。比如录音带的后期制作,你能够用上一些手段会取得完美的效果。

古尔德:我相信整个后期剪接制作问题已经被一些不相干的说法混淆了,被所谓"真实"和"完整"等观念混淆了视听。其实,这只是相对于音乐会现场而言,在那里,你可以从头到尾听完每一个音符。但是面对现代技术的主要规范来说,那种陈旧的方法已经无所作为了。对我来说,倒也不在乎人们说我是否"成功地"创造了一种演奏方式,或者我是否用了262次录音母带进行剪接;这些争论并不重要。

梅纽因:你正在建立一个适合你的构想的框架,然后想办法让它具有合理性。就拿披头士来说,他们开始在公众面前演奏时是自发的,等到他们的演奏习惯成自然,就能够分段录音,然后再合成到一起,增删一些音符。但是他们就不能再在公众面前演奏了,因为此时公众还期待一些别的什么,习惯于录音创造的这种形式了。

古尔德:就某种意义来说,这种事情也发生在我的身上,我发现我正在和自己的录音竞争,没有人能真正做到这一点。我的录音代表了我的最佳想法。

梅纽因:我可不信你说的这些。我听过你的演奏,我知道,如果你愿意,你能把在录音室里所做的那些让人叹为观止的事,轻而易举地在音乐厅表现出来。

古尔德:但事情不能归结为这样:如果一个演员想

要表达“活着还是死去”，也许他是说了一句《哈姆雷特》中的台词，也许他是在旅行途中随便读到了一句话，就像吉格德爵士过去所做的那样。但不管怎么说，他不必为了找到合适的声调去说那句独白而把前两幕的台词都记住。

梅纽因：有一点要强调，他必须懂得作品在他的心中是一个整体，即使从未演过这个戏，也要知道演得像什么。还有一点要说明，我常常发现，阅读总谱比听一场演出更让我心满意足。在演奏一首作品之前，先在脑子里过了一遍。

古尔德：可是你怎么解释一些人的怪念头呢？有一些音乐演奏家有时也去录音，他们应该依据与舞台艺术家不同的规则吗？何况那些舞台艺术家偶尔也在电影里出出镜呢？对于那些电影演员来说，他们把发生在现实生活中的情感场面表现在电影里是合情合理的。内景可以在好莱坞的摄影棚里拍，外景可以在火地岛拍，内外景之间的衔接关系很像录制一个符合你对一个作品最佳设想的录音。而有人却认为那是赝品，是骗人的把戏。

梅纽因：我认为这里混淆了两个完全不同的世界。一个是习惯于享受一个事物的全过程，在这里，观众想要的是最终的结果，是它的真实性。那些利用技术来增加戏剧效果的人会把音乐会演出看作是老古董，破烂货，没有利用有效的技术手段，但人们注重艺术的完美甚于其他。让我们来看看电影中拍摄的登山运动员的情况吧。镜头当然是分段拍摄的，所攀登的山峰也是模拟的。演员们“登顶”轻而易举，也许不需要他们爬什么山。但是还有另一种冒险，那就是登山者的危险；他们得实地爬到山顶去，而不能靠那些模拟的小东西。他们要通过连续不断的努力才能把登山这件事整个完成。

古尔德：说得不错，但对我来说，技术就意味着排除冒险的危险性，我想这就是我们真正的分歧所在。我觉得人们总不至于有意要给自己制造一个危险的环境与条件；如果他们能够用高明的技术排除危险因素，也就不会有什么危险。这也就是音乐会的问题所在，演奏可能会出错，圆号可能会“冒炮”，等等。

梅纽因：除了音乐以外，技术真的能减少冒险与失误吗？难道没有失去生活的生动感的危险？冒险本身的感觉不也就没有了吗？

古尔德：毋庸置疑，技术有着自身的危险，但我认为，正是技术的使用给生活以“装点”。

梅纽因：你对“装点”的生活满意吗？

古尔德：确切地说录音演奏的确没有现场的真实感。

梅纽因：所以我们一直就有两个标准。当我们满足于自然的冲动时，我们就不能用那些模拟的小玩意儿。事物都有自身的内在规律，你只能由点到面，循序渐进。

古尔德：我不同意你的说法。如果你理想中的“活着还是死去”那句话不断萦回在你的脑际，你可以在一段时间里不断重复它使之日臻完美；可是你为什么不利用技术所允许的优良条件组装起一件艺术品来呢？技术像一条仁慈之毯，它可以把你所做过的一切遮盖起来。

梅纽因：我怀疑这条仁慈之毯是否能够唤起像你这样的钢琴演奏家的激情，也许你是例外，因为你的技术手段能够给你一切帮助。

古尔德：别说这些恭维话，为什么你不肯接受这样的观点，就是把乐曲分成特殊的成分，这是调式，那是男高音，这是音符后面的情感？真正需要演奏者记住的只是它们之间的相互关联。

梅纽因：从另一方面来说，在你做过的录音当中，你能保证没有忽视过你的听众？你敢肯定听众能够像在音乐厅那样全神贯注、聚精会神地听你的唱片吗？说不定油炸熏肉会让他走神呢。而在音乐厅里则有某种强制性的环境因素，此外，某些类型的音乐会引起听众的共鸣。例如《马太受难曲》，所有的听众都会产生相同的情感与反应。

古尔德：但是对我来说，在家里听音乐的时候，艺术家和听者之间的精神共鸣才能达到更加和谐的状态。甚至可以这么说，技术所起的最重要的作用，就是让听音乐的人自由地参与到过去由演奏者支配的天地中来，他们由此便会获得过去从未有过的选择自由。

梅纽因：但这仍然无法取代音乐厅的功能，在那里的聆听经历是一种最基本的经验，它保留着对其他音乐形式进行评判的标准。

古尔德：此言大谬。随着事情的变化进展，这种标准已经被取代了，确切地说是被录音取代了。录音成了现在的标准，音乐会要凭录音进行评判。

梅纽因：假如没有人再去登山了，我们就只能满足于看登山的电影了，是吗？

古尔德：如果没有人再能去登山了，我们会满意的。我认为，这是一件天大的好事，这样会拯救每年因登山而丧命的人。

梅纽因：不，你千万别这么说，那样会使这条路上充满了不光彩的丧生者。

古尔德：假如我有技术能防止他们发生意外，我也会去做的。我确信，我的理想一定会实现。

杜波：古尔德真正渴求的是知音而不是一个消费者，他要让听音乐的人成为参与者，他想遇见的知音应该有科普兰所说的"天才的耳朵"。我曾经写到过，古尔德本该乐意把他在录音室里使用的形形色色的工具展示给公众看，并且让听众与他的演奏融为一体。

梅纽因：不错，是个好想法。古尔德的确信奉他自己那一套，他在32岁的时候就隐退了，我不相信有什么办法能把他再拉回到舞台上。然而不能否认，他录制了许多优秀的唱片；在对事业的投入上，没人能与他相提并论。

音乐与人生

杜波：你在1975年写了自传《未完成的旅行》，从那以后又发生过什么重要的事情吗？如今你已经是75岁的高龄了。

梅纽因：幸运的是，到现在为止仍然是未完成的旅行。最近，我又添了个孙子，是杰瑞米的第二个儿子。生活总是那么充实。差不多遭禁17年之后，我又重新踏上了俄罗斯的土地，回到了戈尔巴乔夫当政的苏联。我很难告诉你在那里的情感体验，在与热情的观众和我的同行的相处中，听到那些熟悉的语言，体验到那醇厚的情感，仿佛看到满树鲜嫩的枝芽绽开，我真心地希望它们不再被残忍地践踏。一切都是大有希望的。

杜波：是的，不过我对这些新的“自由”还是有点儿怀疑，我总是觉得那个国家的人想方设法要逃离所谓的“自由”。

梅纽因：那是一个过程。但如今那里似乎有了一些信仰的空间。

杜波：威尔第曾经说过：“有信仰自然是好事，但不依赖信仰则更好。”你相信戈尔巴乔夫能在一个星期之内扫除专制的阴霾，给成千上万的人们所谓的“自由”吗？

梅纽因：这不是一个人的能力所及的事，因为旧有的政治已经统治了那么多年。当然诗人和作家们也一直为增进自由的精神而奋斗，尤其是在莫斯科。这不可能是某个人努力的结果，自由的实现是水到渠成的事，人民一直在等待着这一天的到来。

事情正在起变化,我想恐怕还要做长期的准备。

杜波:外界认为你的生活充满迷人的色彩,你怎样看待你自己呢?

梅纽因:我不否认这种说法,我的生活的确丰富多彩,而且一直很顺利,算是幸运吧。事实上我今天的生活就是最好的说明。首先,我的父母非常关心自己的孩子,他们使我们建立了生活的信念。我们有着良好的习惯,稳定的工作和充足的休闲时间。我的两个妹妹是我非常要好的伙伴,生活中的每一步都顺顺当当。在旧金山长大实在是一件受益匪浅的事,因为当地的生活氛围十分简朴,这对一个正在成长的孩子来说压力很小。当然,我是用一个孩子的眼光去看旧金山的,其实那儿有许多不公平不合理的事,比如中国人,他们外出时不能与女人同行,往往要干很多年才能挣一点点钱,在他们离境之前,这点钱还会被人偷去。但是我毕竟是个孩子,对儿时的我来说,那儿就是个乐园。

我的父母有一幢房子,带一个花园,抵押金是每个月5000美元。我睡在走廊里,父母出租一些房间用来支付抵押金。我们有一辆小轿车,那是祖父出500美元帮我们买下的。当时一辆这样的车价值800美元。每月300元就能过得很舒服。剩下的钱就供我学习小提琴。幸运的是,我11岁就去了法国,在那儿学习语言;一个小孩,却常常和布施、埃乃斯库等了不起的人物打交道。他们都是浑身充满灵感的人,是导师,更是伟大的音乐家。我甚至在五六岁的时候就有幸得到帕辛格的指导。他不仅教我音乐,在我早期的独奏音乐会上还为我弹钢琴伴奏。他是伊萨依[1]的学生,伊萨依算得上是他那一代人中最伟大的小提琴家。帕辛格从他那里带来了一个伟大的传统。在我 4 岁的时候就听见过他的甜美的琴声,当时他就要成为我的老师了。

杜波:如此说来,你所有突出的个性在童年时期已经显现出来,一切仰赖于儿时的熏陶。你能成为一个不同寻常的艺术家,能够利用各种不同的良好的环境,甚至包括你的身心的健康与修养,这一切都离不开你的父母和老师的培养。生活之门正在向你敞开。当你以一个孩子的眼光看到斯特拉第瓦里名琴的时候,它即刻成为了你的礼物。

梅纽因:是啊,想象一下吧。那是 1929 年,当时我 13 岁,经历了从西海岸到东海岸的漫长旅行后,我在纽约的卡内基音乐厅演奏了柴科夫斯基的小提琴协奏曲。我连做梦都想用那把被人称为克文胡勒王子(Khvenhuller)的斯特拉第瓦里琴演奏。那把琴过去我曾经见过,当然,我们根本买不起那种珍稀之物。卡内基音乐厅那场音乐会后不久,我得到了现在我手里的这把琴,得益于一位名叫古德曼的艺术赞助人。当时我真是大喜过望,我就是带着这把琴经历了我的第二次欧洲巡演的。柏林首演用的也是这把琴。

杜波:在今天,像这样的事几乎不可能发生。艺术赞助人很少给人这种赠予。

梅纽因:的确是这样。如今只有某些机构才能收到这种赠予,因为这样可以减免税。

1　伊萨依(Eugene Ysaye,1858—1931):比利时小提琴家、作曲家、指挥家。

杜波：安德森(Hans Christian Andersen)曾提到过李斯特1842年在“商业化”的汉堡举行的一场音乐会，他写道：“作为演奏家的李斯特，看到来听音乐会的人们都穿着星期天做礼拜的服装，有的人甚至穿着出席婚礼的盛装。”对于音乐家在公众中的这种崇高地位，你是怎么看的？

梅纽因：我觉得音乐演奏家是非常幸运的人。人们到音乐厅为的是去“听”，然而在我们“看”的文明中，“听”却被排在了末席。从总体上说，音乐在当今世界中几乎也成了一种可视的文明。我们判断事物往往根据它们的外表，而不是依靠它们内在的震撼力。虽说眼见为实，但我们的目光所及之处与人类的经验和生活的客观存在还是有差距的。作为观众，如果他们能够跟随内在振动的音乐，感受到音乐的共鸣，那么在演奏家看来，此时的观众才是最有悟性的。当然，前提是观众对音乐是否认同。据我观察，我感觉女性听众比男性听众更有悟性。

杜波：你是闻名遐迩的人物，受到人们的青睐，是否觉得自己有一种优越感？

梅纽因：绝对没有，我把一切都归功于我的父母和音乐本身。除非被平庸和肤浅的生活所左右，否则人是不会被宠坏的。毕竟，我拉小提琴没有创造出什么业绩，原因也很简单，只是我想拉而已。我曾就学于许多具有高尚理想的人，因此观众的喝彩与批评都取代不了我为音乐而演奏这样一个事实。可以这么说，如果跟埃乃斯库相比，跟那些我所了解的伟大的指挥家相比，我真是微不足道。此外，相对于作曲家来说，演奏家不过是在阐释一些表面的东西。所以，我从来没有觉得有什么超人之处。我知道我不是特殊的人，我只记得从前我是个脸皮很厚的小男孩。有一天在旧金山，一个显贵的夫人跑到那儿对我说："你真像帕格尼尼！"我随即说道："噢，你听过帕格尼尼拉琴吗？"当初我要是接受了那些阿谀奉承的话，我恐怕就不会有今天了。

杜波：看来任何时候你都需要某种真正影响你发展的因素出现，事实上也的确如此。

梅纽因：我的所长就在于顺应时代，最好的事情往往来得很偶然，不是一蹴而就的，而是经过一而再、再而三的努力，把握机会，依靠求知欲、对事业的爱心和探索的精神才能获得成功。成功不可能是一帆风顺，但也不是可望而不可即。我常常发现，最短的路其实是最长的路，而那条最长的路是最引人入胜的、最有价值的捷径。这是获得成功的方法，是你可以学到一些东西的方法。假如一个年轻人获得了一大笔财富，一下子出了名，但却对这些名利的由来一无所知，那么这与自杀没什么两样，这会是毁灭性的打击。

杜波：赫胥黎[1]曾经写道："音乐的奇妙之处在于，用文字表达相当吃力或是无能为力的东西，音乐却能轻而易举地流畅地表达出来。"

梅纽因：说得太对了！

杜波：佩特[2]说过，音乐是一门其他艺术不可企及的艺术。门德尔松说，相对于语词来说，音乐的确是太精确了。我猜想他在写《无词歌》的时候，头脑里就有这样的想法。

---

1 赫胥黎（Aldous Huxley，1894—1963）：英国小说家、诗人、散文家。

2 佩特（Walter Pater，1839—1894）：英国散文家、文学批评家。

梅纽因：当然，你不能给音乐下命令，不能说，“请坐到椅子上来”，也不能让音乐提供统计数字。但你可以用音乐建立一种只有诗歌才能建立的情感与精神的联系，一种真正的、直接的联系。这种联系恰恰不能通过语词来完成。语词太不可靠，会产生许多误解，即使你表达准确，也常常会以辞害义。当然，语言的措辞往往比停留在书面上更丰富。

杜波：是这样，一个词通常不能对应它所描述的那个事物。在单纯的词和复杂的事物之间往往有着极大的差距。比起“椅子”这个词来，一把实物的椅子要拥有许多属性。

梅纽因：的确如此。甚至一个词怎么将意思表达出来也不相同。我想，假如你赋予语词以音乐所具有的功能，让语词本身只成为一条传送带，一个装物品的容器，那样也要胜于精确的语词。我们所说的话，所写的东西中，总有一些别人难以理解的因素。我写过一些东西，很快就发现别人的解释与我的原意相去甚远。

杜波：我认为，这里的关键词是“解释”。亨利·米勒[1]曾经称这个词是语言中最重要的。甚至人们在长期相处的关系中，往往还发现彼此之间的误解相当频繁。关系是语词塑造成的。

梅纽因：哦，是的。我们被那些所谓的精确的学问所误导，被那些看得见、摸得着的东西所蒙骗，对那些给出含义的诸如字典一类的玩意儿信以为真。当语词用来传达爱与信的内涵时，几乎可以说是毫无意义。逻辑文本是无法传递这些含义的。长期以来，语词一直是由律师确定形成的，而其他人则无法了解其

---

1 米勒(Henry Miller，1891—1980)：美国小说家。

含义。律师们认为，他们锁定了语词的可靠性，他们所做的一切只是传送一份不带关系的合同；而我们认为，通过正在运用的语词，我们能够传导感情。

杜波：甚至在配乐诗歌中，音乐也总是让诗文甘拜下风。许多诗人都不喜欢把他们的作品配上音乐。

梅纽因：是的，你说得对，差不多都是这样。你知道，我一向认为，当与某人交谈的时候，我很在意对方的态度。只有这样，才有可能谈出点什么。

杜波：这是个很恰当的想法。

梅纽因：也许我们会有一种共同的语言，不管那种语言会是什么样子。但是，以我们那些语词作为依据的共同语言的形成，恐怕距今仍然有一段相当长的距离。造成这种距离的因素可能是个人的、社区的，也可能是地域性的。

杜波：就文学来说，只要一涉及翻译，就会陷入不小的麻烦。某个时代的翻译文本可以描绘出完全不同的观念乃至时尚。我看过歌德的《浮士德》各种各样的译本，读来令人失望。有时，一段文字明明表示的是可笑和愚蠢的意思，译者却往往把它翻译成高尚与尊贵的。你能想象贝多芬使用文字比使用音乐语言更出色吗？

梅纽因：不，那是不可能的。事实上，贝多芬在语言沟通的能力上是有麻烦的，他的晚期弦乐四重奏远远超出了我们的语词的理解力。

杜波：的确如此。数学家萨利文称这些四重奏为“自我意识的写照”。他认为，即使是莎士比亚也写不出堪与《升C小调弦乐四重奏》相媲美的作品。

梅纽因：是的，这部作品向我们昭示了贝多芬在最后时光的所思所想。

杜波：柏辽兹听了这部《升C小调弦乐四重奏》在巴黎的首演，当时听众寥寥无几。他写信给李斯特，想要问问这个贝多芬是否与我们同宗同祖。

梅纽因：太有意思了。柏辽兹的鉴赏力真是不凡。如果一个音乐家并不真正了解音符的意思，那么音乐中的音符就毫无意义。我刚刚指挥了贝多芬的《第五交响曲》。许多指挥家把这部作品处理得过于恢弘显赫，常常把它当作"命运之声"。

杜波：这样的效果已经大大超过了军乐或是"命运在敲门"。这部作品中有着极大的焦虑与渴望。

梅纽因：是的，如果这样一部作品充满了焦虑与渴望，那么它就会以超越语言的方式把那种情绪传达给乐队，指挥和乐手必须深入地把它们表达出来。这就像人们发现什么线索一样，会循着线索找答案。总谱中很少有线索，你必须根据谱上的记号运用自己的分析能力来解读它。乐曲从一种情绪到另一种情绪的转换必须在瞬间完成，整个作品要一气呵成。有点像人一直在说话。音乐是一种时间的艺术。当然，其中的乐趣就在于即兴性和不可预知。假如没有这些，我们的生活或是音乐就一点趣味也没有。因此，第一次或是第三百次演奏一部作品时，它的魅力就在于作品还是活生生的，它还有不可预知的因素，当然，它一定又是可预知的。一旦你把注意力集中到某一瞬间，一个活生生的瞬间，音乐就显得不同寻常了；观众能够感受到这些，也能心领神会。这种演奏与那种机械地照搬音符的演奏有着天壤之别。很久以前我就领悟到，我所寻求的指挥方式是一种变形的方式。就像爵士乐的即兴演唱者。他们和伴奏乐队的节奏唱反调,乐队不管三七二十一地演奏下去,以便即兴演唱者可以自由发挥。节奏在持续着,但没人能数清楚节拍。在我看总谱的时候,我最感兴趣的就是这种变形。不知道它的变数是什么。但这种变形事先也得想清楚,哪些音符该长一点,短一点;哪些音符该重一点,轻一点;哪儿是高潮,一切都应该心中有数。此外还得在旋律线和内涵的深度上留有余地,经典乐曲的迷人之处也就在这里。

杜波:是的,要是没有这种变异性,以及全音和半音的区分,怎么来限定西方音乐呢?

梅纽因:是的。这是相当严格的限制,除非你懂得这正是在用音乐自身的语言来表达。丰富也好,贫乏也好,它是通过自己的传播方式使之成为世界性语言。我想,一旦那种语言进入了你的头脑,你意识到它是一种活生生的物质,就像流动的河水一样,人们就可以引导它,限制它,让它通航。当然,它的流动不是节拍器式的。这样,音乐与生活就豁然贯通了。

杜波:你所说的这些没法记在谱子上,就连作曲家也无法表示他们最好的意图。

梅纽因:不对,这可以从记谱的符号上推论出来,不论它怎么限定。当然,你可以按音符演奏,但这就无法表达任何意思。

杜波:你认为,怎样才能成为一个真正意义上的老师呢?

梅纽因:我认为一个真正的老师应该是不断学习、不断探索的人。仅仅去做,哪怕是以身垂范也是不够的。老师要能够和学生一起生活,了解他们的潜能;当他们处于困惑与矛盾中的时候,要能够指点迷津,使他们茅塞顿开;同时,也要善于找出他们的弱点,发现他们的优点。对于老师来说,发现和开掘学生的潜能是一个漫长的、艰巨的过程。千万不能忘记,已经有许多学生被他们的老师深深地伤害了,而且无法挽回。

杜波:许多老师只是徒有虚名,在他们的生活中,伤害学生的事差不多每天都在发生。大多数学生要花很多年的时间来克服老师带给他们的影响。这些老师大都自我感觉良好,和那些最糟糕的歌剧头牌女角没什么两样。我很喜欢斯达尔夫人[1]在1810年写下的一段话,她对那些号称无所不知的老师说:"我们到哪儿去找愿意花20年时间去教育一个孩子的家庭教师呢?那种精心关怀会使一个老师费尽毕生的心血来培育另一个生命。只有做祖父的会在晚年的余暇中如此关爱他的孙儿。"

梅纽因:至理名言。一语道出教师工作的要义。作为教师还要有特殊的幽默感,轻松与严肃并举,还要有同情心。对于那些能演奏也能教学的人来说倒不一定非这样不可,不需要别出心裁。我开办了自己的学校,就是要把我从大师那里学到的东西传下去,也可以说我去上学了。过去我没上过学校。

杜波:在你的一生中,没进过学校也许是个优势。对于一个天赋很高的孩子来说,上学可能浪费了大量的时间,同时也是一个发展的障碍。曾经有人问格里格上学时的情形,他干脆回答说,"学校给我的东西糟透了"。

梅纽因:我明白你的意思。从某种意义上来说,没受过学校

---

1 斯达尔夫人(Mme De Stael,1766—1817):法国女作家,欧洲浪漫主义文学运动的先驱。

教育对我的发展的确有有利的一面,这一点毫无疑问。这方面的不足已经被其他的教育方式补偿了,比如旅行,会见各种各样有意思的人,等等。但是,缺少了学校的教育,无法弥补人际关系这一课。我就没有学好这种必要的、基本的本领,或者说缺乏在实际生活中评判人的能力,至少在我的生活中的某些时候显出了这种缺陷。因为我看人总是带着理想的眼光,根本想不到他们会那么不诚实、不真诚。因此,有了一些经历之后,最终我明白了一些道理。人们的身上有着各种各样的品性,有好的,也有坏的,人是形形色色的。有这样的邪恶之人,不奇怪,是环境造成的。从总的方面来说,我认为最重要的还是信任人,我宁愿信任人而不愿意怀疑他们。这样为人处世会更愉快,也更省心,所冒的风险也是最低限度的。如果你不信任人,所冒的风险就会没完没了;信任人的话,你只是在犯错误的时候冒一次险,那也没什么大不了的。不过,那些与我持有完全不同生活观的人,我是绝不会相信的。

杜波:你自己办的学校一直非常成功,这带给你极大的愉悦。创建了圣彼得堡音乐学院的安东·鲁宾斯坦曾经说过,他希望通过他的学校能够让人们记住他。

梅纽因:我完全理解他的心情。你知道,我讨厌“神童”这个词,它会使人觉得反常。这也正是我要办学校的初衷之一。我愿意把自己看成是普通人。也许我会犯错误,也许我是个怪人。而所有这些学音乐的孩子都是正常的孩子,他们都应该有一个有益于健康的环境。我觉得大人们往往低估了孩子,我想孩子们的能力远比我们对他们这个年龄的期望要大得多。

杜波：怎样进行小提琴教学呢？

梅纽因：依我之见，学习小提琴应该从意大利小提琴作曲家的曲目开始，而且要集中学习一段时间。今天的教学很少循着年代顺序来进行，而是以自我中心的方式来展开。如今学琴的人只想拉他们所喜欢的东西，不管是什么曲目，柴科夫斯基还是勃拉姆斯，说拉就拉。这是一种现成的方式，在儿童教学中应当避免使用。应该让孩子们从头学起。就像人们最初把地球看成是平面一样，为什么它是圆的？你怎么解释这种现象？要让孩子们去发现事物的起因。如果让他们从早期作品人手，他们就会对手中的乐器有更多的了解。学习钢琴也是一样。

杜波：是的，他们要先接触巴赫。彪罗[1]把巴赫的《平均律钢琴曲集》称为钢琴家的《旧约全书》。在弹《平均律》之前，他们要学习《二声部和三声部创意曲》。

梅纽因：的确是这样。钢琴演奏者在早期甚至要研习巴托克那部出色的钢琴曲集《小宇宙》，相比之下，小提琴手却马上要拉他们偏爱的曲子。小提琴演奏者不仅要从早期意大利作品入手，甚至包括声乐，同时也应该尽早地接触爵士乐的即兴演奏和舞蹈。

杜波：即兴演奏的方式已经绝迹了，年轻人对此感到厌烦。至于说有什么越来越自由的艺术方式，那么没有什么能够比得上舞蹈了。有一位舞蹈家来到茱莉亚音乐学院我的钢琴文献课上学习，他为李斯特的《A小调钢琴协奏曲》即兴编了一段二十分钟的舞蹈，于是我就让全班同学用他们自己编的舞步跳起舞

1　冯·彪罗（Von Bülow，1830—1894）：德国钢琴家、指挥家、作曲家。

来。当时的混乱可想而知，但这样一来，他们的禁忌也就解除了。

梅纽因：真让人叫绝啊！我认为那样做太重要了。我们已经开始把舞蹈从音乐中分离出来，只剩下节奏、间隔和坚硬嘈杂的足尖声，而没有音乐。我们生活在一个许多因素都被相互分割开的时代，假如这些因素汇聚到一个较高的层面，那么它们也就不必被分开了。

杜波：对于这种失去艺术生命的专门化，我感到很惊异。这完全是毁灭性的，毫无灵感可言。有时我会带着钢琴文献班的同学到古根海姆或是大都会博物馆去参观。我对他们说，你们可以从这些大画家的作品中学到许多和音乐相关的色彩。我告诉他们，勋伯格是个画家，布索尼、格什温、格拉纳多斯、麦克道威尔，还有许多作曲家都画过画。如果只是像机器人那样操作是不会创造出艺术的。但他们大都不愿跟我外出，宁愿待在学校里练琴。许多乐器演奏者满脑子的负罪感，他们觉得离开乐器简直是痛苦不堪的事。

梅纽因：是啊，我太明白你的意思了。

杜波：媒体对音乐会的报道怎么样？

梅纽因：他们对于符合主流标准的演奏是认可的。但是，对演奏中的自发性为什么就另眼相待呢？你的演奏被人写成文章说三道四，并不总是很舒服的事。

杜波：为什么演奏者要迁就批评界？说实在的，那些被报纸雇佣的评论家也许应该付钱给演奏者，而不是演奏者向政府纳税。

梅纽因:我看有点儿道理。面对那些评论文章,我总感到有点儿左右为难。无论怎么说,在报界长期的攻击中,音乐会还是在举行着,而且也没有失去什么。乡村音乐和部落舞蹈的演出一如既往,在早间的新闻报纸中并没有见到有什么评论文章。评论家大都爱卖弄学问,喜欢抓住某个音符走调、某个音符漏掉来大做文章,用来向我们显示他们对总谱的了解要比那些常去音乐会的人还要在行。但他们在长篇大论中却很少拿出具有说服力的细节,显得很不切题。

杜波:你怎么看待批评家这个角色?他们对你的批评是利多弊少吗?

梅纽因:我认为,评论家当然应该占有一席之地。最出色的评论家功底扎实、见多识广,写一手好文章,而且切中要害。公众需要评论,他们应该得到评论的引导。批评家作出判断的困难之处在于,非要找出事情的原因不可。因为他们不能深入到演奏者的内心,无法了解演员的情感状态,也就无从谈起人的个性。他们可以评判结果,甚至可以说到某个细节,但他们无法评判原因。他们一旦说出原因,往往是大错特错,因为关系到事物的本质问题。

至于说批评对我有益还是有害,我认为总而言之可以说是有益的。我不仅可以从中更多地得到善意的提示,而且我觉得批评作为一种力量有着非常好的作用。事实上,我就是我自己最苛刻的批评家。我很了解我自己,大多数的音乐家也是如此,特别是在这个录音时代,设备一应俱全,我们习惯于听自己的演奏录音。就像一个照镜子的女人,很清楚自己的缺陷在哪里。而一个音乐家通过听自己的录音,对自己的弱点同样了如指掌。

我认为,一个真诚的批评家,如果不是想方设法地炫耀自己或是诋毁别人,那么这样的批评家对于刚刚出道的新手能够起到至关重要的作用。即使如此,我觉得批评也许会有其他的效应,那就是引起大众关注;当观众还不了解一个艺术家时,批评家也许会让他扩大影响,提高声望,增加他的信心;但也许会有另一种可能,确切地说就是艺术家的火候还不到。

杜波:信心实在是太重要了,当然,鼓励是老师给予学生的最好的礼物。

梅纽因:是的。不过从另一个角度来说,老师不能去鼓励一个走错路的学生。

杜波:可这样的事在教学中却是屡屡发生。

梅纽因:是的,我知道,我现在越来越不愿意在教学中太过严厉和冷酷。但是,当我觉得没人会站出来讲真话的时候,我就会把事实真相对学生们说出来。我是说,通常年轻人来上我的课的时候,我都让他们把注意力放在音乐上,而不是把演奏只作为一个专业。我认为,真心实意去热爱音乐是更为重要的,接下来才是具体做点儿事情,像个业余爱好者那样不断地练琴,掌握和运用它。显然这是最好的掌握音乐的方式。

杜波:勒瑟(Arthur Loesser)在他的《男人、女人和钢琴》中这样写道:

> 在技术发展的鼎盛时期,人们唯一能做的事情就是让机器最大限度地运转,生产量达到最高的限额。精良的设备让位于更精良的设备,能生产100万件产品的机器势必被生产1亿件产品的机器所取代。产品中的一

> 小部分被用于慈善行为,或是成了另有所图的善举。机器的逻辑影响了所有的价值观以及关系到人类关系的伦理观。人们无法得到他们所渴求的东西,但机器能使他们最大限度地得到方便和实惠。一个人不再模仿他的长辈,而是力求成为芸芸众生中的一员,成为能够享受机器时代的人群中的一员。在技术崇拜的顶点,牧师称之为"弥撒",使用这个词时,我们好像已经不是人类了,在粒米成箩式的积累中,人已经成了靠机器过活的没有生命的物质。

梅纽因:这段话很有意思,勒瑟说的完全正确。因为大众传播、大众观念一般都建立在无知、偏见和迷信的基础上,这一切在整齐划一的时代依然盛行。然而真理并不是非得站在多数人或是少数人一边,也可能多数人的意见是对的,也可能少数人的意见是对的,甚至有的时候只是一个人的意见是正确的。就说伽利略吧,他并没有掌握多数人的意见,但显然他是正确的。我相信当年达尔文也没有掌握多数人的意见,但事实证明他同样是正确的。我认为,我们得在多数意见、少数意见和真理之间找到一个中间的位置,一个不偏不倚的位置。

杜波:真理是琢磨不定的。詹姆斯[1]说过:"真理的最大的敌人就是真理的剩余部分。"

梅纽因:真是绝妙。真理是我们的身外之物,它可能是丰富多彩的,而其核心部分是趋于真实的。我们自己臆造出来的真

1 詹姆斯(William James,1842—1910):美国心理学家、哲学家。

理可能是危险的,因为我们自身存在着遗传基因,它控制着生命个体,使我们每一个人都成为独一无二的。同样,它也存在于大众文明之中,比如我们生活的时代,也产生了像希特勒这样的怪物。他利用无法控制的权力欲达到了目的,在用某些特殊的手段谋取权力时显得非常狡诈。他们不必懂得很多,也不必是哲学家,但他们对种族的挫败感有一种本能的敏锐。一旦他们迎合了这种情感的需要,一旦他们得到了魔鬼的允诺,他们就能控制一切。

杜波:这里我想引用瓦茨(Alan Watts)自传中的一段话。瓦茨是一位哲学家,写过论述禅宗的书。这段话如下:

> 发达国家的人们的恼火之处在于,他们失去了自发地创造音乐的天赋。我们的音乐经过了如此周密的设计与安排,一个音符一个小节地精确计算,以至于除了专家没有人会感兴趣。专家们乐此不疲,他们生怕别人说他们制造了令人讨厌的噪声。可是如果我们能够唱得更多说得更少的话,那么我们对生活就有更深入的理解。

梅纽因:说得太对了。我有一个志向,就是要看见每一所学校都以唱歌和跳舞来开始每一天的生活,就像科达伊[1]的方式被引入到匈牙利一样,对经院式教学培养出来的学生大有裨益。他们借此会呼吸到更新鲜的空气,感受到更良好的人际关系;他

---

1 科达伊(Zoltan Kodaly,1882—1967):匈牙利作曲家。

们会感到更加放松,身心愉悦,人也会更机敏。我觉得那会是一件大好事。不过瓦茨说得对,人们不得不关注工业化生活所带来的影响。在这个社会中,每一件事情都是被事先计划好了的,我们生活的每一个细节都得到了精确的安排,每一秒钟都被计算过了。事实上,我们寻求自发性行为是作为对按部就班生活的补偿。为此,我们竭尽全力,想尽一切办法。我认为,人们已经强烈地感觉到缺乏这种自发性,我们不得不重新培养这种自发性,因为人类已经不适应那种自然的生活,他们的本性只剩下了大发雷霆。当然,那种答案显得过于迅疾也过于直接。严密的组织性、纪律性和严格的训练,用于训练有素的军队,也许导致了过分的强烈与猛力,但从另一方面说,我们的确需要约束与训练。然而就创造性与必要的自我约束以及自发性等方面来说,还有什么比音乐的训练更为合适的呢?我们正在陷入完全失控的巨大的困惑之中,我们对自由无法约束,要么滥用它,要么否定它。我们无法找到一种真正的平衡,因为我们自身已经失去了将自发性与约束性协调在一起的能力。

杜波:作为人类的大家庭,我们怎么能够把这种协调性找回来?如果没有这种协调性,我们就会陷入困境,无法沟通和联络。

梅纽因:是的。我认为,通过人类的理解与同情心,我们能够把这种协调性找回来。但是有一个前提,我们要有上面所提到的对欲望的约束,以此来帮助我们尊重过去,迎接未来。然而找不到协调的烦恼时常困扰着我们,以至于训练和管教只能用于立竿见影的事,只能以牺牲未来、牺牲历史、牺牲其他的事物为代价。一旦我们把这个因素考虑在内,我们就能真正把它用于我们与同事相处的关系。我觉得这种自发的因子一定会把我们带入同情与恻隐之心的大门。自然,感情的震动是人与人之间联系的纽带,我们都是整个世界震动的一部分,我们和每一件事情紧密相关。除非我们在这个世界上真正拥有每一种因素,否则我们将无法生存。只有通过压抑我们自己,扼杀我们自己,才能生存在一个什么都不必去了解而只需追名逐利的世界上。换句话说,或者是宣传,或者是广告,此外再无其他沟通方式。而宣传和广告之间的距离并不遥远。

杜波:我们已经感觉被这两者所操纵,广告和宣传经常使我们狼狈不堪。

梅纽因:许多年前,我在底特律演出,与美国汽车公司的一位公关人员有过交往,他是个彬彬有礼的先生。休息的时候,我停止了弹琴,在他的藏书里随意翻看。那些书都是他做研究用的,我拿出了几本书和一些手稿,都是公关和广告方面的。这时我才弄明白了过去自己所不懂的东西,公关和广告的尺度、技巧、艺术手法等,无论你把它们叫作什么,广告心理学和宣传都有非常的相同之处。那种对大众的一概鄙视,操纵大众观念和欲望的方式方法以及技巧,所有这些都毫无二致。美国一直在广告业方面遥遥领先,利用在精神分析学、心理学和其他方面的研究成果,广告对人们内心深处的企图和欲望有着相当的了解。所谓自由、幸福、参加社交活动,享受爱情、权利以及其他一切,所有这些伎俩在俄国的宣传机器中运用得登峰造极,因为他们从美国人那里学到了不少。对此我毫不惊讶,美国的广告教会了他们不少花招。

杜波:我想谈一点有关科学方面的事。让我读一段英国人写的一本小册子,作者的名字叫皮科克(Thomas Peacock),大约出生于1870年,正赶上英国工业革命刚刚爆发。这本书写于1825年。

这段话是这样写的:

> 科学与智慧是两码事。科学是锋利的刀具,人们像孩子一样玩弄刀锋,割了自己的手指。如果你注意到科学的列车载来的成果,就会发现它们几乎完全是由破坏性因素构成的。就让我们来看看与“爆炸”这个词有关的许多事情。古代的时候,人们对这个词一无所知。爆炸来源于磨粉工厂和弹药库,产生于矿井和家庭厨房中的煤气,还有轮船、汽艇和工厂的高压引擎。再来看看这种毁灭方式精微而复杂的程度,它体现在步枪、子弹、火箭和大炮方面。看看那些车辆相撞、船舶失事的各种各样的灾难吧,其中一个重要的原因就是疯狂的速度。绝大多数的驾驶员在进入比赛冲刺的阶段不管不顾,他们就像希腊神话中的墨丘利,带着丘比特的信一味地狂奔。

梅纽因:说得太妙了!

杜波:是的,我再来念上一段:

> 请看这科学的管道正在把废弃之物变成有毒之物。伦敦的地下土层几乎到处都被掘了个底朝天,毒气悄悄地进入到这些“坏脾气”的污浊的土地,使得花草树木

不再繁盛。更为严重的是，随着所谓科学之物没完没了地迅速发展，那些没有生命的事物将自由存在而不受惩罚。科学的机械摧毁了家庭手工业，代之以恶劣的机器生产；同时精神的堕落和城镇的拥挤也取代了手工业者健康舒适的乡村生活。不管我怎样一再列举科学带给人类的罪恶，这个世界都会越来越糟糕。我恨不得要说，最终的结局将由科学来灭绝人类。

梅纽因：精辟无比，简直就是预言。从那以后，我们已经走过了170年的历程，而且沿着这条路越走越快。当然，许多人现在已经意识到，我们对这个世界的破坏是难以估量的。我不知道我们还有没有挽回的余地。

杜波：现在你是耶胡迪·梅纽因爵士，你怎么看待美国？

梅纽因：美国是一个充满生机与活力的国家，这是其他任何国家所比不了的。人们带着重建功业的希望来到这里。尽管人们总想控制点儿什么，但美国有很多的地方仍然是野性难驯之地，是无法控制的地方，这是美国的宽宏之处。

杜波：但那些难以控制的方面让人产生恐惧感。

梅纽因：可是这正是它的宽容之处。那些不愿意受到控制的人恰巧是能做大事的，那些充满生机和活力的人才具有改变世界的能力。他们可以接纳更好的东西，难以驯服的因素……我的意思是说，即使是糟糕透顶，世界也乐意把美国作为人类未曾开化的地带保存下来。在那里，人们仍然能够保留自己的本来面目。这并不是说人们生活在灌木丛中，但至少人们在那里能够创造自己的生活。当然,你也可以破坏生活环境,可是处罚得相当严厉。但是人们仍然能够在打破旧的模型的同时又保持对传统的尊敬。美国需要灵感和引导,需要很高的理想。而对于其他国家来说,这些就显得远远不够了。美国的实践就是这个样子,它仍然有一颗纯粹的心。

杜波:不错,是这样。这是很让人惊讶的事。然而它是怎样保存下来的呢?是不断涌入新的人口?是产生了大量的活跃的思想?还是从东海岸到西海岸的300万平方公里的土地上都使用一种语言呢?

梅纽因:我想是美国还没有来得及吸收得更多,还没有使诸多的民族完全融合到一起。它允许人民按照他们的天性来发展。也许有些人粗野无礼,有很多缺陷,对此我并不了解。但他们仍然是人类大家庭中的一员,对大多数人来说,还是可以补救的。

杜波:你想过有关英国与印度的事情吗?对我来说,埃尔加的音乐体现了爱德华七世的鼎盛时期。依我看,他的交响曲的慢板部分散发着一种帝国主义的气味,是吉卜林[1]、印度以及所有相关的一切。

梅纽因:是的,这些东西曾经流行过。然而我认为,不会再有那种单纯的为了繁荣帝国主义文化而做出更多努力的人了。说真的,在那种文化氛围中,很少有什么民族野心、骄横跋扈和监督控制之类的东西。他们只用很少的人去统治印度,让印度

1 吉卜林(Rudyard Kipling,1865—1936):生于印度的英国作家和诗人。

人按自己的方式方法去做事。自然，每个印度土邦都有一个英国顾问，土邦主必须要按英国顾问的建议去做。其实印度的整个体制和结构依然是完好无损的。殖民化期间，印度得到了英国人帮助兴建的公路、医院和铁路，还有议会制度。

杜波：斯坦威钢琴也被大象驮进了印度。不过我认为，你对英国的偏爱是出于某种历史的原因。怎么可能有纯粹的帝国主义者呢？这个世界至今仍在为英国昔日的荣耀而付出代价。

梅纽因：我知道他们曾经有过可怕的过激行为，他们做过坏事。可如果你和其他帝国主义比较一下，英国的所作所为是一点儿也不过分的。

杜波：是的，西班牙议会几乎就不准许上演《蒙特苏玛》[1]。

梅纽因：一点儿不错，根本就不许上演。西班牙入侵墨西哥纯粹是出于贪婪。而英国，当你了解英国的时候，你就知道他们航行到印度不过是为了看看世界，而印度则一下子跌进他们的贸易伙伴的怀里。不过是贸易而已。当然，是贸易也是冒险。因为英国人居住在岛上，四周被水包围着，他们只能向着水流的方向望出去，去水能载他们去的地方。水把他们带到那些陌生的地方，那是他们的笔写过画过的地方。

杜波：也许是因为他们身体健壮，想离开他们生活的那个小岛。

梅纽因：不仅是因为这些，还因为他们喜欢周游世界。那时英国人没有照相机，可他们喜欢画画，而且画得非常漂亮。英国

1　《蒙特苏玛》，罗杰·塞欣斯根据 G. A. 博吉斯的台本而作的三幕歌剧。剧情叙述了16世纪西班牙入侵墨西哥的血腥暴行。

人有着很好的修养，他们出游的时候大都带着铅笔、画板和蜡笔；还要带上书，他们喜欢阅读。需要说明的是，他们当中并非有那么多的人虔诚地欣赏印度文化。只有少数人对此有所认同。他们把梵文译成了英文。但那些中产阶级大都成了派驻官员和贸易商，他们装模作样，觉得自己高人一等。一般说来，初来乍到的人容易产生这种优越感。这种良好的自我感觉一般出自社会地位、家庭教养和遗传，而不是来自后天的训练。

杜波：友好的谈话即便在今天看来也是一种起码的沟通方式。

梅纽因：一般说来，你的这种说法是不错的。当然这要看谈话的对象。如果交谈的话题是有趣的，对话的人又是这方面的权威，沟通当然不会有什么问题。当然，这种谈话不必那么一本正经，也许只是阐明自己的观点而已。还有另一种谈话的方式让交谈双方感到愉快，诸如跟外交官、政府官员谈天。这种谈话所涉及的内容不是要在科学的意义上严格地去证明什么，而是要在人们共同的经验方面取得共识。这个时候，谈话就有趣味了，不论是贫穷、和平、战争还是什么社会状况的话题都可以。换句话说，同一个问题完全可以从不同的方面来看待，每个人对那个问题都可以有自己个性化的经历。而我遇到的净是这样一些谈话，而且经常是没什么意思的那种。比如有人说，“你 5 岁的时候我就听说过你了”，有些时候说得还挺亲切，可是接下去就没什么话题了。除非我故意延长时间，打听某件事啦，问问哪个人当时在干什么啦，或许他们已经开始对音乐产生了兴趣？说句私心话，我最感兴趣的聊天是能够带给我一些过去从未听说过的事情。

杜波：如果两个人谈天空话连篇、乏善可陈，你会不会感到心情烦乱？

梅纽因：当然，大多数谈话是没什么教益的。偶尔同某个人的谈话使你感到津津有味，哪怕对方说一些鸡毛蒜皮的小事你也不会在乎。若是说话的人没什么恶意，说点儿闲话也可能挺逗乐，挺助兴的。

杜波：你所认识的大音乐家里，谁是最吝于言辞的？

梅纽因：巴托克，我认为是他。他是个与众不同的人，从来不说一句废话。当然，在我们这个乱哄哄的社会上，人人都在喋喋不休地大声喧哗，巴托克的那种方式往往会使人陷入僵持不下的局面。所以，巴托克很少接到别人的邀请，自然在谈话中也几乎是一言不发。对美国人来说，那是非常令人难堪的。

杜波：人们在谈话中冷场常常会使美国人感到不愉快。听美国的广播几乎是一刻不停。在这些方面，英国人是什么样子？

梅纽因：我觉得在英国，五六个人坐在车厢里一言不发也是完全可能的。你别指望有人跟你聊天。或者当你坐在汽车里，司机也不愿意开口说话。相反，在美国，人们愿意你跟他建立联系，即便和一个陌生人在一起，你也不妨聊聊天气情况，或者问问他是从哪个州来的。

杜波：但是那样的话，话题很快就会转入最令人讨厌的触犯隐私的领域，诸如“你是干什么的”之类。

梅纽因：那倒也是，我经常为此感到很难堪。我不知道该把自己的职业叫作什么。对方为什么要关心这类事？他怎么就不能只想想享受生活，无所用心，想见谁就去见谁，或者做做义工，不然参加一些业余爱好的活动，为什么他非得要证明自己存在的价值不可呢？为什么人们非得说“我有工作”才能证明自己的存在价值？我认为我们必须改变这些，特别是从几十万上百万失业者的角度来考虑这个问题。

杜波：许多人在回答那个问题的时候都觉得很窘迫，因为在你是从事什么职业的问题后面，关系到文化背景的期望值。也许是大量的电话填补了人与人之间的空白。这些电话的模式都差不多，一会儿这边有人说“喂”，另一边马上就有人回话，话茬儿不得不这么接下去。还是让我们回到你提出的关于证明一个人存在价值的问题上来。你认为有一个特殊的小群体总是需要证明自身存在的价值吗？你觉得你必须证明你自己吗？你似乎很看重责任与义务。

梅纽因：人们不必刻意去证明自己的存在。犹太人比较专注，他们必须要证明自己的存在。他们背负着沉重的使命，在上帝面前证明自己，或者在世界上其他民族的面前证明自己生存的理由。而其他成千上万的人们则不必荷此重负，上帝保佑他们。他们可以抚养好孩子，好好地生活。当今一些年轻的音乐家就是世界上最出色的人，他们与充满野心和抱负的老一代音乐家完全不同。你是了解上一辈人的，为了事业而不惜一切代价。

杜波：依你看，我们怎么能利用好不断增长的失业大军呢？人们需要工作，希望自己成为有用的人，不然的话，他们只有死路一条。

梅纽因：失业的人没有多余的钱，但是他们有的是时间，许多人还有一技之长。看看你周围的城市，看看周围的人，每一件事都需要关照：粉刷墙壁、修理屋顶、照看孩子、教授语言、上音乐课,还有看牙科医生。这些工作哪个都干不完,都有得做。我有一个现成的计划,很简单。你可以召集一批支援人员,让他们用自己的专长在一个月内做小时工。不管他们是不是退休了,不管是80岁的老人还是20岁的年轻人,不论他们是拉小提琴的还是擦皮鞋或者是做鞋的,不管是做什么的。把这个名单放到中心交换所里,其中包括所有社会需要的志愿工作者名单,每个社区、每个街道都有这么一份名单。其他的人可以用自己的劳动与志愿者的劳动进行交换,一个小时换一个小时。就是说,在这种交换中没有金钱关系,不能说,"哦,我是个法语教师,我的劳动要值一个汽车修理工的两倍"。不行,一个小时的服务只换一个小时。这是金钱交易之外的事,只能以物易物,没什么可说的。制造商们可以标出他们产品某些含量的百分比,以此来昭示他们善良的心地,这不会妨碍正常的经济秩序,因为这会是个没人承担的工作。可是还是会有人没有工作。

今天失业的人,甚至在美国这样的国家,我想至少大部分是处在饥饿的边缘(在英国没有人挨饿),可是,这些人也想明白了。他们有闲工夫了。闲下来干什么呢?可以让你的那些伙伴利用空余的时间读读书,也不妨去钓钓鱼,学学希腊文,或者是教教绘画。我说过,什么工作都可以做。一个国家的门面往往靠老百姓撑着,要看他们的住房,他们的衣服是不是体面。每一件事都在等着成千上万的失业者去做,他们不愿意饿死自己,对于他们的同胞们来说,他们都是有用的人。在我看来,这是显而易见的事。好在这事已经开了个头儿,接下来会有更多的机会,但是并没有在更大的范围内展开。联邦政府也许会愚蠢地与之作对,因为他们会觉得无利可图。这有点像我的三字格言

“LMN”,就是“活着”(Live)、“音乐”(Music)、“现在”(Now)。从伦敦开始我就奉行这三字格言。后来,我把它推广到法国、西班牙、比利时与荷兰。我用这种方式把百分之九十的从来没有听过音乐会的人聚到一起,让他们听音乐。音乐厅不可能容纳他们,即使他们想去也不行。原因可能有多种,或者是太穷,或者是路太远,也许是年老体弱,等等。还有百分之九十的音乐家被排斥在音乐学院的大门外,他们是一些相当出色的音乐人,然而找一份与音乐有关的工作却是相当困难。他们演奏的地点大多在监狱、医院、工厂、百货商店、俱乐部,或是在别人的婚礼或葬礼上帮衬一下。他们挣的钱少得可怜,可他们却了解大众。他们的生活完全属于自己。这样一来,平民百姓也慢慢了解了音乐家,这样的价值是难以估量的。这是“LMN”的一种延伸,这种方式适用于每一个行业。类似这样的方案可以疗救社会疾病,使人与人之间联系得更紧密,就像我所说的,可以带来人的同情心和健康的心态。

杜波:在人的进化过程中,当人的大脑一下子扩充了容量,而从生物学的意义上来说,却没有来得及将我们身上的动物性去掉,就形成了具有新功能的头脑。由于这个原因,我们变成了精神上病态的人类,你怎么看待这个问题?

梅纽因:是的,如果以此为界定的话,人类就是疯狂的。我们都是精神错乱的!也许这是一种神圣的疯狂,天才的疯狂,舒曼就是个例子,波德莱尔也一样。还有很多艺术家都是疯子。是的,整个人类都是疯狂的。人的大脑不可思议地发展起来,很大程度上是因为他突然间发现了:人是有“选择”的机会的。然而我们已经把这种选择抽象化了,我的意思是说,我们可以在自己的大脑里建构完整的城市,建构完整的交响曲,而不必把它们画在或写在纸上。这时,每个线条每个音符都代表一种选择,这种选择为整体思路所支配。一旦你作出选择,你的大脑就必须作出重要的取舍。事实上,我认为我们可以设想出许多选择的可能性,然后再作出取舍,这样可以成倍地增加我们的脑容量,比如,2×2×2×2,一直乘到一千次,那几乎是一个不可想象的数字。

杜波:你注意到没有,我们很少记住一些东西。像几百年传下来的莎士比亚作品中的对白,还有许多诗歌,几乎从我们的记忆中消失了。在我们现代的教育体系中,这些东西几乎是见不到了,至少在美国是这样。

梅纽因:我觉得那样太可怕了。记忆是我们最好的天赋中的一种禀赋,因为有了记忆我们才活着,而失去了记忆我们什么也不是。记忆力是人的基本素质之一,应该在学校加以培养。我认为每个人都应该从我们记住的东西中加以温故知新,那是在创立书写文字之前人类文明所具有的一项了不起的优势。每个人都受过教育,从这个意义上说,他们都知道自己祖先的传奇故事,神的传说,先人的律法,以及一切伟大的传统。从前去印度的人们能够讲述圣徒的伟大事迹,他们把整部的《薄迦梵歌》都记在脑子里。他们在当地受到圣徒一般的款待,不管走到哪里都免费吃住,因为他们凭着自己的记忆口传身授,给当地的人带去了伟大的遗产。记得有一部非常精彩的电影名叫《华氏 491 度》,影片描述了一个禁毁所有书籍的极权主义时代的故事。所有的一切都被焚烧了,但人们凭着记忆保留了经典文化。

杜波:斯坦纳曾经说过,只要我们的头脑里记住口头文化的传统,我们就永远不会变成“僵尸”。

19 世纪中叶那位专横而才华横溢的指挥家彪罗,在演奏时要求他的乐团站起来,而且要他们背总谱。

梅纽因:真是这样?简直太有意思了!你知道,刚才你告诉我的正是我经常考虑的。我认为那种做法值得称道。在所有电视转播的现场演出中,有一点最不正常,那就是观众无法真正与艺术家沟通,他们只能看到演奏家盯着自己的谱架和谱子。

我记得看过一个电视节目,是伯恩斯坦指挥维也纳爱乐乐团演奏的《英雄交响曲》,他表达的是基督在十字架上的情感。在《葬礼进行曲》中,伯恩斯坦就像自己被钉在十字架上一般痛苦,那种表情真是感人至深。也许有人觉得这样似乎有点儿过分,但肯定这是一种天才的表现。我敬佩他。然而当镜头转向小号时,所有你看到的面孔都像是在等待着另一杯啤酒,那副景象才是愚蠢而荒唐:一面是指挥沉醉于音乐之中,另一面是其他人只是在演奏乐谱而已。

杜波:我也记得看到过那一幕,我看见列尼沉醉于狂喜与绝望之中,而那些乐队队员的脸看上去更像死人。

梅纽因:所以,他们让你大吃一惊,是不是?其实你可能会发现,很多乐团都存在同样的情景。但我觉得,假如他们依靠记忆不看谱子来演奏,情形想必会改观。

杜波:那样一来,你知道,会给音乐带来决定性的改变。那样会使他们全神贯注地投入到音乐中,在别人看来,他们也是很喜欢音乐的样子。没有什么比音乐家演奏《春天》时不看乐谱更令人欣喜的了。那是灵感在发挥作用。

梅纽因:说得对,说得对啊!

杜波:可以问一个风马牛不相及的问题吗？你是个素食主义者吗？

梅纽因:我正是个素食主义者,不吃猪牛羊之类的肉。除了鱼之外,其他的肉一概不吃。跟我比起来,我妻子更是个素食主义者。我觉得自己不需要肉,肉对我没什么好处。

杜波:其实大部分动物的肉对人都没什么好处。感谢上帝,人可以吃素,肉对于我们来说不是必需品。然而人类发展了味觉。

梅纽因:是这样,我们当然应该比现在更减少一些肉食的比例,少些,更少些。这并非出于人道主义的立场,而是为了拯救我们的土地。我们能够在一块地上生产更多的食物,比起放牧牲畜来,占用更少的土地可以产出同样多的食物。此外,现在的饲养业用的都是掺有化学污染的饲料,还有抗生素什么的,更不要说那些有一排排格子笼的养鸡场饲养的家禽,真让人感到耻辱。我们最好改变一下我们的饮食习惯,许多事情都得改一改。这样,在自由与遏制之间进行调和就成了当务之急。于是便会有这样一些人,他们会不惜一切代价鼓吹狂热盲从;还会有另一些人,他们会不惜一切代价地宣扬遏止的观念,而且付诸行动。随着岁月的消逝,有关资源这个巨大的话题会变得越来越严峻。每个人都必须认识到,我们再也不能继续以这种速度,这种贪婪的速度无限制地利用树木与森林的资源了。这是一种耻辱。此外,究竟什么是更重要的？是种植更多的树,还是出版某些杂志？再者说,我们的电子产品、广播、电视,在某种程度上大抵能够弥补信息的不足。报纸也提供给我们知识和信息,但没有报纸我们也可以获得信息。也许我们能看到这样一种印刷品,可以让人们通过不损害视力的方式来阅读我们的文章，而电视却在反其道而行之。也许我们可以改进这种现状，使我们不至于每天把一个小国家面积那么大的绿地毁掉。我的意思是说，毁林之风如此之盛，竟然使我们无法拯救我们的森林。

杜波：听说你在营养学方面有很好的修养，那么你在旅行演出的途中是怎样注意饮食的呢？

梅纽因：一来我决不喝你们一直在喝的苏打水，看看瓶子上的标签，至少列了不下四十种化学成分。

杜波：是的，我知道。你一看到我喝那种“垃圾饮料”，脸上总是那样一副表情。但是最近我已经不喝那种东西了，算是回归自然吧。

梅纽因：我从没有向你提起过你喝的那种东西，但它的确是有害的。而我在旅途中，尽量带足自己所需要的食物，比如麦麸、麦胚芽、水果，还有乳酸菌。我喜欢全麦面包，或是用黑麦、大麦制成的面包。我还喜欢用葡萄干、坚果和豆芽做成的面包。在饭店的房间里，我经常订一些鱼和新鲜的蔬菜，沙拉总是少不了的。我到美国旅行的次数越多，也就越发感到这是个在饮食上自杀的社会。成千上万的被生产出来的食品都是对人体有害的。

杜波：你认为哪些食品是对人体有益的呢？

梅纽因：在我出版的那本《完美的小提琴家》一书中，我把自己的购物清单也开列在里面，书上还有许多我锻炼身体的照片。一个小提琴家的身体必须要和他的小提琴协调一致。这样吧，我把那份购物清单另外给你开一份。要紧的是麦胚芽，其他有麦麸、简装的乳酸菌、蜂蜜、骨粉、新鲜水果，最好是刚从地里摘的。还有海藻类、糖浆、苹果汁、醋、豆油或是蓟油，那是最好消化的植物油。再加上人参、维生素之类。我还对中药非常有兴趣。

杜波：听上去对健康都是大有裨益的。你得过感冒吗？

梅纽因：我一打喷嚏，马上就服用一种德国制造的叫作Medvitan的药，抗感冒非常有效。这个药可以注射，而且也不疼，我就自己给自己打。

杜波：我见过你那些锻炼身体的照片，其中的很多项目对小提琴手来说都特别有好处，比如耐力训练。

梅纽因：我一直大力拥护锻炼身体，因为那是人体的自然需要，比如深呼吸就是一种理想的放松身体的训练。

杜波：你过去很喜欢驾车，是吗？

梅纽因：是啊，我在旧金山就是从喜欢驾车开始慢慢长大的。那时，道路不像现在这么拥挤。我还喜欢在乡下跑车，早年喜欢在巴黎开着车满城转。你知道，一直到第二次世界大战之后巴黎才有红绿灯，早先的巴黎几乎就没有红绿灯的交通管制，所有的道路都畅行无阻。你可以在接近十字路口、街的拐角的地方大声按喇叭，提醒行人别撞上来。一切就像是在做游戏。车过凯旋门的时候仍然像一个游戏，你得看好车的入口和出口。那时候在巴黎开车兜风真是太开心了。

杜波：1925年的时候，生活是不是比现在简朴得多？

梅纽因：我可以告诉你，旧金山曾经是我梦中的城市。那时在纽约，城里的河水清澈极了，水质之好真让人难以想象。水是从山上流下来的，没有一个城市的河水比得上纽约。旧金山也是个难得的好城市，市容美丽、清洁，人们待人亲切和蔼，就像邻居一样。那种清洁简直就像个梦中的城市。可如今,如果风从理查菲尔德炼油厂那边刮过来,空气就被污染了。幸好在大部分时间里,风是从西边刮来,使得旧金山的空气要比大多数的城市好一些。旧金山还算得上是个好城市,是个充满浪漫气息的城市。只是比起当年来,少了许多纯真与朴实。旧金山人过去常常在周末背着背包去徒步旅行,我想今天人们不会再有这份兴致了。我记得当时的周末,整个城市倾巢出动去远足,那是一种非常简朴的民风。汽车刚刚进入到人们的生活中,不像现在的车这么多。那时城里跑的是电车。仪态优雅的淑女坐在有花边装饰的电车上,就连车窗也装饰着花边。电车驶在陡峭的旧金山的小山上,虽然很慢,但却一个劲儿地向上开,就像是旧金山妇女们的向上精神。只是汽油发动机能改为电力推进器就好了,那样我们的电车就会完全改观了。不管怎么说也比现在要先进。

杜波:你对应征入伍、到军队服役是怎么看的?

梅纽因:我认为服兵役基本上是一件好事,如果对于年轻人能够启发教化,让他们有服务意识;如果是为了赈济饥荒,也就是我们常说的社区服务;还可以在军队学一些专业,等等,那么服役应该是一件好事。就像他们做的军队广告那样,是为了保卫国家,保卫自己的盟国,或是捍卫世界和平。举例来说,福克兰群岛争端一起,全世界都站在英国一边,联合国安理会也支持英国。很明显,英国是正义的一方。[1] 阿根廷企图通过武力来占领并不属于它的领土,它不过是靠近这个群岛而已。对于撒切尔夫人来说这是个机会,在那个时刻,她本应站出来说:"没有一个国际组织出来阻止对手无寸铁的人民的侵略,看看苏联人在阿富汗的所作所为吧。我们英国应该出来担此道义。特此,我派遣四分之一的英国皇家海军和陆军服务于国际组织,同时希望四分之一的美国军队、四分之一的日本军队、四分之一的……其他国家的军队也加入进来,以阻止这种侵略行径。"那本来是她的机会,但这个伟大的时机被她错过了。

杜波:你觉得她曾经有过这种想法吗?

梅纽因:不知道,我认为她没想过。

杜波:我想起桑塔亚那的一句话,他说如果我们不从过去汲取教训,我们将不得不重蹈覆辙。

梅纽因:是的,我们总是重复错误,而人们就是不肯汲取教训。

人们的手段越来越多了,他们用这些过多的手段,在更大的范围去犯他们过去经常犯的同样的错误。炸弹是由人制造出来的,但很快就使人们理智起来。因为首先,我们不能允许战争爆发,不再热衷于对胜利的渴望。而在胜利与和平之间,我们仍然有点倾向于胜利。因为和平意味着付出,和平意味着妥协,和平意味着理解你的邻居,你的对手。和平意味着帮助你的敌人。在和平中,你必须与你的邻居和平共处,或是尽你所能去理解你

---

1 关于福克兰群岛即马尔维纳斯群岛的争端,英国和阿根廷两国在战事多年后已经解决。此处梅纽因的观点显然是站在当时英国和西方各国的立场上。

的敌人。而我们宁愿真正战胜我们的敌人，宁愿把他们轧碎也不愿听到他们的求饶声。我们要的是百分之百的胜利，即使到下一次战争，也不会有任何胜利的阅兵式。我们不能对过去发生的事情缺乏耐心，或者是把所有的事统统抛弃。就像人们常说的那样，倒洗澡水连同孩子一起倒掉。毕竟没有过去就不会有现在，没有过去就不会有绿树、鲜花、草地和小鸟。我们必须保持与过去的平衡，从深层次上理解这个问题。

杜波：我曾经对某人说过，“亚历山大图书馆被焚是人类莫大的耻辱啊”，而他却说他并不这么认为。他觉得，馆内几乎所有的藏书都是迷信一类的废物，是毫无价值的教条，只能使人类倒退。

梅纽因：哼，全都是胡说八道！那些书籍包含了人类几千年来积累的文化知识。

杜波：那场大火也是令人发指的一刻。

梅纽因：哦，太可怕了。因为那个年代没有复印机，那些手稿都是孤本，它们不是一堆破烂，绝对不是！那是当时人类有关医学和天文学的全部知识。不，那场大火烧掉了人类用一千七百年的历史积累起来的书籍，我们得花大量的时间才能重新获得它们。

杜波：你对提出平等、博爱口号的法国大革命怎么看？

梅纽因：这些口号很好，这是人类的权利。古希腊人知道这种权利。可是大革命带给法国的却是灾难和一个又一个的暴君，没过多久又是拿破仑，一个用他自己的方式出人头地的人。但是他后来变成了一个残暴的君王，给法国带来了更多的君主。

杜波：大革命之后的一切怎么会一下子就恶化了？

梅纽因:我认为,大革命使广大民众宣泄出自己的意见,当然其中混杂着暴民的叫嚣。后来它被一些民众的首领错误地引入歧途,它释放出的能量使暴民中产生了领袖人物。问题就出来了,因为当时不得不在暴动的民众中产生出性质完全不同的领导人。当他们还是奴隶时,一切都很简单。一旦有人领着他们造反,就需要在更高的水平上提出理由并作出承诺。法国大革命是一场血腥的灾难,我不想为那个愚蠢的王朝作辩解,但他们居然对这场灾难毫无防备,这也是不可思议的。他们只顾一意孤行,横征暴敛,没有想到自己正在制造一座足以爆发革命的火山。

断头台是个了不起的发明。由机械来执行死刑这还是破天荒的事。在那之前,杀人只是个人的行当。刽子手只能用斧头和绞索行刑,干得并不是那么干净利落。在历史上,实施有组织的杀人行为,使用断头台可以说是个转折点。这纯粹是工业革命的产物,干净,高效,而且几乎没有痛苦。手段真是够现代的。

杜波:你认为艺术家在社会中应该扮演什么角色?

梅纽因:我不喜欢给任何角色下定义。艺术家们完全专注于各自的专业,有诗人、音乐家、画家等。为什么非得把他们定位于某个社会角色呢?我不相信什么人愿意处在别人强加给他的特殊生活中。我认为人应该有一种超然物外的气度,明白什么该做,什么不该做。

杜波:对于艺术家来说,民主的价值在哪里呢?

梅纽因:就在于不把艺术家束缚在一个特殊的意识形态形式之中,让他们自由地表达对事物的是非善恶的观点,表现他们所见所闻的各种风格,平易自然地与其他人交换意见,并作出自己的反应。

杜波:如今,音乐可以成为一种令人愉快的艺术,而在1915年以后,音乐与大众却没什么关系。你觉得这可能吗?音乐最令人满意的时代似乎是1910年以前。

梅纽因:我不这么认为,因为我不断看到有价值的作品问世。

杜波:有价值的作品,不错,可什么是有价值的作品?是那种具有起死回生的力量的作品吗?

梅纽因:这个很难说。对于新作品的理解需要时间,特别是在今天,每个作曲家不再属于某个学派。你知道学派是怎么回事,比如说,你知道莫扎特,你就能懂得海顿。但是,如果你知道巴托克,你却不一定懂得斯托克豪森[1]或者贝里奥[2]。然而,他们的作品写得非常出色。

杜波:里尔克说过,艺术作品有一种本质上的孤独。

梅纽因:是的,对艺术家来说也是如此。艺术家在进行创作的时候,总是处于孤独的状态。没有人能够代替他。这是一种高度个性化的体验,是独一无二的体验。

杜波:这使我想到了科学研究领域。像爱因斯坦和牛顿那样的个性化创造的天才早已过时,而登上月球需要的是一批天才的科学家。

梅纽因:一点儿不错,在科学领域里,靠一个人是永远也别

---

1 斯托克豪森(Karl Henize Stockhausen,1928—2007):德国作曲家。

2 贝里奥(Luciano Berio,1925—2003):意大利作曲家。

想完成的。相反,艺术作品只能靠个人来完成。

杜波:也许在科学领域里,不会再出现爱因斯坦那样的人了。因为在现代科学中,越来越需要科学家之间的密切合作。

梅纽因:是的,然而不能排除某个人有一天会突然发现一线科学之光,发现某个显而易见的事实,这种事总会碰上。

杜波:显而易见的东西常常会被忽视。

梅纽因:说得对极了。

杜波:你认识那么多的人物,包括绘画界的传奇人物,那些伟大的学者,比如贝伦森[1],教会了我们如何正确地理解佛罗伦萨的艺术。

梅纽因:他称得上是佛罗伦萨艺术的无冕之王,我们认识他的时候,他差不多有八九十岁的高龄了。他是个真正的犹太人,绝顶聪明;没有一点虚荣心,衣冠整齐,潇洒自如。

杜波:有人说他虚荣得不得了。

梅纽因:你知道,我对他的了解也有限。不过他是个挺不错的伙伴,谈锋甚健,对绘画比对音乐更在行,但他很喜欢听我拉琴,欣赏有加。当我想在佛罗伦萨小住一段时间的时候,他就腾出自己的乡间别墅,我们一家在那里住了两年多的时间。

杜波:你跟他学过绘画吗?

梅纽因:不,没怎么学过。他与我的妻子黛安娜很合得来,差不多有一年多的光景,他们两人每隔一两个星期就要通一封信。他很好动,散步的时候能走多远就走多远;仗着身体的轻捷灵活,他走起山路来相当自如,而别人还得留神脚下的绊脚石和

1　贝伦森(Bernard Berenson,1865—1959):美国艺术评论家。

树根什么的。他酷爱登山。

杜波:1929年4月12日,你在柏林举行了著名的首场演出。当时,爱因斯坦也坐在观众席中。在你的演奏结束之后他说:“现在我才知道,上帝就在天堂里。”那么你认为上帝是什么?

梅纽因:在我的首演中,爱因斯坦听得相当入迷。想必他属于那种能够理解某种能力、某种秩序、某种超越人的能量的人物。我们称这种超凡之力为上帝,但是,这是个拟人的概念。然而它不需要长着两条腿,留着络腮胡子,我认定它不是这样。可它有着基本的运行秩序,只是我们人看不见就是了。这种秩序甚至超越了事物发展的规律。热的变成了冷的,冷的变成了热的;高密度的变成了稀疏的、模糊不清的,就像银河系和其他星系的组合那样。事物的因果关系持续不断地变化,总是有着相互对立的两个方面。我们自身就有两面性,树叶也有两面,所有的形式,比如音乐形式,都有着阐释和概述的区别。这些都是宇宙的基本规律。爱因斯坦想必知道这些规律,从而探寻出包括重力、电磁场等物理学的某些基本法则。他已经看到了某种能量,这种能量的质量处于相反方向,却可以被整合为相同的方向。当然,这也达到了人类哲学思想的高度。

今天我们必须看到,破坏性行为与建设性行为已经无可奈何地合为一体。我们不能说要永远消除破坏性行为,因为我们做不到。破坏性与建设性是同一事物不可分割的组成部分。在印度神话中,毁灭与创造是由同一个神主宰着,这是非常有意思的观念。我们一直在基督教的方式中经受考验。我提到基督教是因为我们已经在基督教中经历了两千年,而且在某种程度上取得了成功;我们试图把善良从邪恶中分离出来,但从根本上来说,我认为这是不可能的。我们不得不看到事物的两面性,寻求向最好的方面转化,从而将邪恶转变为善良。然而我们不能说,“他是坏人,我是好人”,因为实际情况不是这样。我们的身上有着同样的邪恶和同样的仁慈。举一个糖的例子。我们把甜味儿从所有的食品中分离出来做成糖,而我们在尝遍百味之后,也领略了糖的滋味。但是,对于纯粹的糖,不管它是从甜菜还是从甘蔗中提炼出来的,它都不属于元物质,我们并不探讨它的来源;糖就是糖,就像化学合成品,因为我们想要的是纯粹的甜味。用纯粹的糖,我们可以随便去骗马和狗。说到快乐也是同样的道理,我们一直在寻找纯粹的快乐。然而生活并不像我们想象的那样,生活不会提供给我们纯粹的快乐。我们总想以好莱坞高级而美好的生活场景作为范例,以此来引导我们的生活。这些场景纯粹是优哉游哉的洋洋自得,现实绝不是这样。这样的镜头充满了灾难性的误导。

杜波:它很快就会把人们带入痛苦。

梅纽因:是这样。直到我们的教育能够正视邪恶、正视痛苦、正视死亡、正视精神的复苏;直到我们把生活看作是一个循环、一个连续不断的循环时,我们才能稍微保持一点儿童真和缺陷。

杜波:你认为不同国家的管弦乐团,比如英国管弦乐团,或是德国的、俄国的乐团有着不同的个性特征吗?

梅纽因:是有不同,有一种各不相同的团队精神,以及出色的演奏方式。比如英国管弦乐团就不同于德国的乐团。假如德国乐团遇到什么问题的话,就只是一味等着指挥的命令,由指挥去解决问题。而英国乐团可以自行解决任何问题,一点也不用麻烦指挥。他们聚在一起,讨论指法,还有其他问题,这么说吧,如果我要求用一个特殊的指法,我会征求他们的意见,让他们试试看;而效果可能比他们原来的指法要好或是不好,然而他们总是在各自的声部把问题自行解决了。一个指挥也要学会去对待乐队队员,我总是对他们很尊敬,那也是他们应得的,因为他们都是非常出色的音乐艺术家。他们对风格有着独特的把握,无论是演奏莫扎特,还是巴赫,或者是斯特拉文斯基。富特文格勒过去常常喜欢和伦敦爱乐乐团合作演绎《特里斯坦与伊索尔德》,而不是柏林爱乐乐团。他热爱英国人。托斯卡尼尼喜欢英国广播公司交响乐团胜过任何其他乐团。英国的音乐家可以说都是出类拔萃的。他们反应极快,识谱能力非比寻常。

我曾经跟波哥雷利奇一起排练柴科夫斯基的钢琴协奏曲,早在他出生之前,这部作品已经被人演奏过很多遍了。那天,他的妻子科兹达兹来看我,而他却因为航班误点被耽搁在南斯拉夫了。因此,她就来听了整个协奏曲的排练情况,确切地告诉我她丈夫的要求,于是,我就考虑好怎么做准备。然而在排练中,波哥雷利奇却提出了不同意见。我对他说:"你要知道,我之所以这样做,是因为你妻子告诉我你要这样做的。"可事情还没有完,问题的要害不在这里。当我们排到某个地方的时候,他停下来对我说:"你看,这一段充满激情,悲天悯人,而且富于悲剧性,可乐队演奏得这么冷冰冰的。"我说:"算了吧,你又不是不知道,我们这是在排练,不是在讨论我们怎么来演出。"但是,我还是对乐队提出了要求。我对他们说:"大家耐心点儿,我们正在同一位非常优秀的钢琴家合作。他在俄国受过正规的训练,他们那里就时兴这一套,24 小时都得打起精神。不管排练还是演出,他们总是全力以赴。这不是我们的方式,我们愿意留着点精神准备演出。但是,既然他喜欢听他那种方式的演奏,就让我们遂他一回愿吧。”这样,我们就激情满怀地排了下去,没有哪个俄罗斯的乐团比我们演奏得更好了。当时,他高兴极了。我对他说:“现在你知道他们的水平了吧,告诉你,今天晚上会同样出色。好吧,我们继续排练。”

杜波:可是,他是怎么让自己的演奏与乐队合上拍的?大部分年轻的钢琴家几乎都跟不上指挥。

梅纽因:是这样,但这需要彼此之间很好的相互谅解。波哥雷利奇也接受了这种谅解。我一生都是以独奏者的身份从事演奏。因此,我认为,指挥的职责就是要跟着独奏者,并且要迁就他们。

杜波:在一些场合我注意到,尽管俄罗斯的演奏家们在技巧和气质方面令人称道,但他们在接受新观念方面却显得有些僵化顽固。有一次,我对一个年轻的俄罗斯钢琴家说:“为什么你在钢琴上不能自由发挥,即兴演奏出一些效果呢?”她马上说:“那可不行,钢琴是一件美好的乐器,我不想让它发出难听的声音。”

梅纽因:发生这样的事不奇怪,这与训练方式有关。俄罗斯学派一向以深思熟虑、条理清晰著称,他们的训练方法非常严格。

杜波:这种训练会导致某种呆板僵化。

梅纽因:的确是这样。只要你有一次失误,你就得从头再来。这在西方几乎是不能接受的训练方式。但这些百里挑一、千里挑一的人真是出类拔萃。挑剩下的人进入管弦乐队，这种方式又是我们所不能接受的。管弦乐队的演奏家常常是相当出色的艺术家。然而在俄国，只有三种人称得上是英雄：独奏家、沙皇、独裁者。他们从来不知道什么是开明，从来不知道什么是民主。他们不过是继承沙皇的衣钵罢了。

杜波：比起西方人的性格特点，印度人也许更有耐心。在我看来，耐心也是你的一个优点。

梅纽因：是的，但这不是被动的耐心。我的耐心是那种坚忍不拔的耐心，是一种信念。如果我确信我走的道路是正确的，所做的一切最终会瓜熟蒂落，水到渠成，那么我就会有耐心。如果某件事连印度人都想完全放任的话，那么我也会丧失耐心。印度人的耐心有一种更高级的形式，也许它是被动的。假如我知道炉子上炖着什么东西，用文火慢慢地炖，可能会炖六个小时，六年，也许是六十年，甚至会炖到下辈子，我只要知道它能炖熟，我就会耐心地等下去。

杜波：你的耐心富有创造性的意义。

梅纽因：只要等待的价值得到证实，想必你也会有信心的。

杜波：如此说来，你的耐心实际上是一种不满足的表示。

梅纽因：这还是信心的问题。我内心也有无望和烦乱的情绪。比方说，有些事我曾经打算做，我知道它们该做，我相信它们没错。然而在我的一生当中，这些事大部分都没有发生过。我无能为力，我不可能力挽狂澜，那是不得不接受的事实。这种事的困难之处在于，也许你知道有些人正在受苦。

杜波：你相信人有转世或是来世的说法吗？

梅纽因:我的确相信生命的连续性。当然,我不知道怎么来界定它。我不相信这是一种简单的连续性,就像我们想入非非的那样,包括了我们人世间所有的一切,所到之处什么都是好事。可以肯定不是那个样子。但是我确信,有一种连续不断的运行,那是我们所了解的运行。当然,那也是基因的延续,我们也了解那种延续。我们知道我们会留给后代子孙某些东西,然而我不知道其中是否有一种精神上的延续性,我们只能生活在这种茫然无知之中。

杜波:对于人类来说,生活在这种茫然之中总是感觉孤独无助。

梅纽因:于是,他们就想要得到某种担保。人类总是想要知道地球是否完全是扁平的,永远也走不到头。地球是不会动的,上帝不让它动,所以它绝不会动。正是在得知世界上的一切事物都是变动的时候,人类发生了动摇。我们正在变动,没有什么是恒久不变的,人类总有一天会消失,地球也有一天会毁灭,就连太阳系也终归会崩溃。对于人类来说,面对这一切实在是太可怕了。他毕生为之奋斗的,就是要确保他的孩子能够继承他的一切;明天的计划已经安排好了,一切会照计划行事。所以,人对于不期而至的事是毫无准备的。你会发现,人们在战争前夕仍然忙着各自的那摊事儿,德国人、犹太人继续生活在希特勒的统治下,他们根本不相信会发生事先预测过后来被写进书里的那些事,不相信所有可怕的事情真的会发生在他们的眼前。

杜波:他们称之为"大屠杀",而这个词用得完全不对。大屠杀是在很短的时间里进行的,而纳粹对犹太人的折磨却是年复一年,乃至持续了一个世纪。

梅纽因:那是经过非常非常周密的计划,是蓄意而为的。正因为如此,才显得特别可怕。我们可以承受战争中的残酷杀戮,但有计划的种族灭绝却是太耸人听闻了。

杜波:人类的动物本能是乞求安全,恐惧感是一种主要的情感。

梅纽因:是啊,我们不知道过一会儿是不是还活着,但活着的确有赖于内心的平静和信仰。

人的生存境遇

杜波:国家的概念如今已经显得相当原始了,民族主义是主要的祸患。边界已是相当随意,巴托克出生在匈牙利,而今天的人则往往把他当成罗马尼亚人。

梅纽因:不错,国家的观念是已经过时了。我觉得民族主义充其量不过是一种妥协。在非洲,欧洲人统治的刚果和其他地区,早已大大超过了自己原有的版图。如果想要取得发展,就得以技术、知识、学校、医疗卫生,以及所有其他方式作为条件。但是这是什么样的代价?我觉得我们已经达到这样一种境地:由于电脑的应用,一切变得更为灵活多样,更加难以想象。

我知道我所说的那个时代离我们的今天为时尚远,似乎我所谈论的是乌托邦里面的事。然而我认为,从某些方面来说,我比其他人更现实一些;基于这个原因,但愿那些相信现实的人能够认识到,暴力行为正在毁灭我们。所以我认为,许多有争议的双重地带,不必让一方遵从另一方的原则。举例来说,如果你正在谈论气象学方面的问题,不会只涉及局部地区和国家的气候,是不是?你关注的是“全球”的天气情况。没有哪个国家能够制造或是分割气候。

这样,你需要有一个全球性的视野才能描述出气象学的总体蓝图。只着眼于一个国家的气象情况是做不到这一点的,这必须是全世界范围内协作的事情。让我们再来说说阿尔卑斯山的花儿与植物，它们分布在法国、意大利、德国、瑞士和奥地利。好比说当初我们在美国南部兴建一座水坝，需要一个委员会来实施管理，负责查看整个水域的情况，河流的源头等，这个机构就是田纳西流域管理局。同样，也应该有一个阿尔卑斯山的管理机构，来照看这些无人看管的花朵，不论它属于哪个国家。另一个例子是莱茵河，沿岸各国都责无旁贷，不单单由哪个国家负责；它流经瑞士、德国、法国、荷兰，但它也属于整个欧洲，可以说是西欧的通道。所以，还是需要一个权威机构来跨地区管理阿尔卑斯山的花草树木。也许管理范围上有所重叠，但没有关系。文化方面的事情也一样，各国边界地区的文化属于各自的国家，不管是匈牙利和罗马尼亚，还是德国和法国的阿尔萨斯与洛林，这些都需要不同的对待与处理。

杜波：也许我们正处于面临许多新事物的变革时代，此时此刻，我们是不是应该救救我们自己和这个美丽的地球？

梅纽因：我同意你这种看法。然而不幸的是，我们没有那么多时间了。这是问题的要害所在。我想前前后后的几代人，已经把地球毁得不成样子了。现在我们总算能够认识到这一点了。

杜波：是啊，再有一次世界大战，我们人类、这个地球也就完蛋了。

梅纽因：是的，当地球被污染的时候，看看我们周围都成了什么样子。发展越来越快，污染也就越来越严重。核武器的灾难已经演变成核污染，其结果是导致了白血病和各种癌症，在一些低气压的地区显得更为严重。比如圣路易，其发病率比美国其他地区严重得多，因为大气中的漂浮物朝那个方向聚集。我们继续遭受着这种有害物质的侵袭,成堆的有毒物质越积越多,当这些毒素一起发生作用的时候,它们便显得越发猖獗:有毒的食品添加剂、化工产品、核废料,等等。因此,我们将要面对越来越严重的情况与环境,一场突如其来的大灾难,为此,我们需要立即行动起来,然而我们却毫无准备。这些灾患会接踵而至,其爆发频率也会越来越高。所以我认为,根据某个时间来推测人口增长的统计数字是错误的做法。因为即使没有战争,人类也将会遭遇大灾难,使人类遭受重创,从而无法达到预测的人口数字。面对这种情况,需要我们采取紧急行动。然而所有的紧迫感却成了一种无关宏旨的论争。我们的争论在19世纪,而事实上,穴居人出自哪个时代已经没什么意义,因为其他的议题远比这重要得多。但我们丝毫也没有触及要害的问题。我们仍在为谁将打赢下一场战争而争论不休,似乎谁都能赢得下一场战争。我们仍然在算计着谁能得到某一片土地,或是谁能保住疆界,而这一切与人类生存的根本问题已经毫无关系了。

杜波:的确如此。如今只有人类的生存才是最为重要的。什么时候我们才能逐渐成熟起来?

梅纽因:说实在的,人们正在打仗,他们总是没完没了打个不停,这纯粹是与生俱来的坏习惯。

杜波:肯定有一种世界性的死亡期望症,一种弥漫全球的对生命的漠视。其实,吸烟就是对死亡的渴求,烟盒上写着吸烟使人丧命,然而吸烟者却在不断地增长。反正我们是人口过剩,再加上每分钟都有成百上千的婴儿出生。所谓"生的权利"只是死亡期望的一部分,只有生命的数量而没有生命的质量。

梅纽因:是有一种死亡期望,我知道你说的那些事。面对这一切,我们必须要有所作为。正因为如此,当人们问我是悲观主义者还是乐观主义者的时候,我说两者都不是。因为,如果一个人是个乐观主义者,那就意味着什么问题也不用去解决,谁让人们都能自己照顾自己呢。可如果是个悲观主义者,那就只能是垂头丧气,因为你已经听天由命了。然而我不这么认为。我觉得,只要有生命的存在就有希望。虽然在每个领域和范围内都有许许多多毁坏生命的现象发生,不管是对植物、动物还是人,但是只要有生命的存在,就一定会有希望。因为不论发生什么样的大灾难,一定会有为了希望而保留下来的生命。

杜波:我总是听到有人说:"唉,怎么总是没完没了的战争啊,人的天性真是难改啊!"每到这个时候,我就心烦,沮丧得很。我就说:"行了,谈话到此打住。这是个死胡同,没有别的法子。战争是个大趋势,这是人的本性。"今天,南非正在成为改变人类关系的伟大的实验场,这是历史性的。

梅纽因:那里的情况太糟糕了,太恶劣了。我们正在饱尝着几百年来人类的恶习所造成的恶果。南非的人民热爱生活,愿意过美好的生活。上帝保佑,这是人类美好的天性,一切还有机会和余地。可是我们不得不付出代价,我们的后代子孙也不得不为他们的父辈的放纵而付出代价。

我第一次去南非是在1935年,那是55年前的事了。我们下到了金矿,也看到了当时人们的生活状况。劳工大都根据各自来的村子和镇子分开,成年累月他们都没有机会走出劳作的场地。他们的酬劳少得可怜,也许在允许他们回家的时候,让买一辆自行车。这些事被认为是天经地义的,没什么不正常。当然,这是不正常的。劳工们用自己的生命和血汗常年艰苦地工作,为南非创造了大量的财富,他们有资格得到那些财富的一部分,那是他们的劳动所得。但这一点从来没有得到过承认。那些额外的财富都进了军队的腰包,军队却反过来镇压他们。如今,他们变得越来越有自我意识,在整个意识形态领域,他们采取了对抗措施:反教会、反改革教会以及在当地势力极大的荷兰教会。教会的布道者宣称,上帝的意志是,他带着偏爱创造了白人,他所创造的黑人只是让他们附属于白人,黑人是不受上帝眷顾的人种。因此,黑人现在起来反对教会。我的意思是说,那些同样危险的教条已经相当流行,相当程式化,虽然它正在渐渐成气候。我们必须认识到,尽管资本主义已经过了巅峰期,但仍然很强大。但是,对于那些正在遭受苦难、正在饱受煎熬的人来说,他们需要的还是一个教条式的东西来安慰来世;尽管这只是下一代的事,只是五年以后的事,但它还是一个天堂。他们的全部需要只是一种精神安慰,他们打算采用的方式也许我们已经采用过,我所说的"我们"指的是西方世界。东方人有自己的闲暇方式,无论什么时候他们都有机会,还有消耗不完的能量。什么时候人们有这种优势,就想不到去扩大投资,为了建设一个更完美的世界进一步打好基础。人们把这种优势开发到了极限,这就犯了一个最大的错误。让我们看看那些种植甘蔗的岛屿在殖民化的转变时期所种下的祸根吧。可以说这是有史以来最糟糕的事情之一。为了满足我们想吃甜食的口欲,我们不得不从非洲贩进奴隶,因为没有人能在那种酷热之下干活儿。我们又不得不大量屠杀加勒比海地区的土著居民。我们进口糖是为了尽可能地满足我们的口腹之欲,并在当地大片的土地上制造了饥荒和不平等贸易,从而使最先出产甘蔗的地区永无收成。这是一个历史性的大错误,如今,我们正在为此付出代价。

杜波:在当今的世界上,宗教似乎变得比以往任何时候更狂暴。

梅纽因:这是一种疯狂的现象,是狂热的激进主义者。我们注意到某些宗教思潮的复兴运动,我认为在一段时间内,在美国的南方更盛行激进主义思潮。

杜波:现在仍然很盛行。通过电视来进行布道如果不算是很危险的话,就完全是一场滑稽剧。你对伊斯兰教怎么看?

梅纽因:很长一个时期里,伊斯兰教按不同的部落被分成不同的教派。我不知道是否由于地理位置或是沙漠地带的缘故,还是其他什么原因,中东地区的伊斯兰教滋生出一种狂热的情绪,一种宗教的狂热。弗洛伊德论一神教的小册子认为沙漠和一神教之间有一种关系。弗洛伊德觉得,由于单调的沙漠和整齐划一的空间没有被树木、山峦和其他地貌所遮断,也许导致了最初的一神教思想的雏形。与此相反,其他国家的乡村被许多不同的绿地、形形色色的植物以及地理环境所隔断,从而有可能使人们思想多元化。像古希腊,沿着它的海岸线,到处都是小山谷,每个不同的地区都产生出有自己个性的文化,很可能由此导致了多神论的思想。但是在中东,一个部落群体与其他部落之间的关系往往是非常牢固的,在部落内部需要极大的忠诚,对外的冲突与对抗中也要勇敢善战,这两方面无疑形成了一种军事化的宗教形式。然而,如果你去读一下苏菲派[1]的教义,就会觉

---

1 苏菲派(Sufi):伊斯兰教的神秘主义派别,产生于7世纪末。该派以神秘主义为特征,宣传神秘的爱、泛神论和神智论思想,奉行内心修炼、沉思入迷,以致与安拉合一。

得其中充满崇高的、智慧的和宽容的精神，一种至高无上的精神。和犹太教、基督教、佛教一样，伊斯兰教也是世界上最伟大的宗教之一，是富有哲理的。我最喜爱的一些读物是苏菲派的故事和逸闻，那些东西真让人难以置信。因此，它们在一个很高的水平上保持着“生命力”。这曾是个非常辽阔的帝国，它的版图从直布罗陀一直延伸到印度尼西亚，中间穿过印度；如今，这个帝国留下的只是很小的一部分。

我们在电子科学、其他相关科学，以及自我批评意识方面，已经取得了长足的进步。因为当你在研究本原问题的时候，终究要达到某种真理。我是指你不能再假设地球是扁的，还有许多诸如此类的事。你不能再假设没有那么多的因素在起作用，不能假设没有那么快的速度，等等。由此，你已经在面对时空的相对性。我想，当我们能够退回到纯粹的是非分明的年代时，我们已经远远超出了这一点。因为从爱因斯坦开始，在他之前可以推测伽利略和其他人，我们已经接受了一切事物的相对性，包括速度、重量和重力的相对性，等等。然而在这些得到证明之前，在世界的这种相对性、能量和质量得到证明之前，相信的人和不相信的人，国内的人和国外的人，他们都是是非分明的。我认为，伊斯兰教正是一个国家和他的人民的榜样，他们还没有在社会的巨大的裂缝之间架起一座桥梁，这个社会的一切事物是通过宗教律法来决定，就像犹太人的社会一样。换句话说，你什么时候洗澡，怎么洗，你吃什么，什么时候起床，你和你的妻子怎么做爱，所有的事都被决定好了。我所说的是神权政治，所以，伊朗决不会完全卷入到摆脱一切神权政治的继承权中去，同样，以色列也是如此。我认为，以色列目前的神权政治不会存在任何危险。

杜波：你曾经说过，以色列有可能为他的民族的归宿遭受痛苦。

梅纽因：那种痛苦有可能被超越吗？我觉得出现了一个很好的迹象：耶路撒冷的发展就是个证明，现在的人口差不多有50万吧？他们对黎巴嫩的冒险有所非难。我觉得，以色列人当中，至少是绝大部分的人持有这样的观点：不仅要考虑到眼前的自我防卫，当然这是无可厚非的；而且要考虑长远的合作。不然的话，除非你把一个理想国放到人们面前，并且天天重复对它的保证；除非你说我们所要的只是与我们的邻居和平共处，我们得到什么情感也给予他们什么情感，我们怎么对待自己人也就怎么对待他们；除非你天天重复这些话，否则别人就会占上风。这种恐惧感是可以理解的，至少在某种程度上是可以理解的。他们生活在敌人的包围之中，到了一定程度，他们就会构筑起这种心态。到了尽最大的努力来保卫一个理想的社会的时候，这种恐惧自然也就会消失了。耶路撒冷是世界上最具悲剧历史的城市之一，它比任何其他城市都遭受了更多的掠夺。

杜波：是啊，这是一座眼泪之城。要是我们有信念而不是信仰就好了……

梅纽因：是的，我们必须有这样的信心：耶路撒冷总有一天会受到平等的尊敬，那些找到自己的本源、自己宗教的本源，找到自己神圣的历史的人，一定会崇敬这座城市。

对于以色列人来说，几千年来，他们把耶路撒冷视为自己的天国，自己的家园；最终他们拥有了它，自然他们热爱它，崇敬它。对这些善解人意的人民你打算做什么？难道他们会愿意与别人共享耶路撒冷的权利？如果他们能找到与他们共同拥有这片圣土的人倒好了。往往这是一个开端，或者最终只不过是成为一个承诺……然而他们是对的，没有任何别人有能力把耶路撒冷管理得像今天这么好。阿拉伯人和犹太人不可能一起来管理这座城市，因为阿拉伯人这样做了的话，就会遭到自己人的暗算；犹太人也不可能这样做，因为要与别人来分享这片圣洁的土地，在感情上让他们太难接受了。所以这件事在今天不可能实现。如果这事儿真的实现了，我会感谢上帝的。有一次，我和黛安娜正在耶路撒冷，那天是星期天，就是在那一天，一个犹太狂热分子将一枚炸弹扔进了阿拉伯人的公共汽车里。那天下午我们刚刚见过总统，他来出席我们的音乐会。我对他说："在以色列的阿拉伯人遭到犹太极端分子的暗杀，应当在耶路撒冷宣布为死难者哀悼一天，这正是显示公正无私的好机会。"当然，他们没那么做。我觉得，他们也不可能那么做。没准儿那样做了的话连总统都会遭到暗杀，这我就说不准了。

杜波：你想过没有，你的朋友英迪拉·甘地也可能是被恐怖主义宗教组织刺杀的？

梅纽因：不会。你可以看看甘地自己国家里所发生的情况。如今差不多每个人手里都有武器，人们用来杀人的能力大大超过以往，不仅在大范围拥有这种能力，小范围内也一样。人人手里都有武器，出现了许多怎样推翻政权、怎样闹革命的小册子。还教人在家里制造炸弹，甚至还有这样的学校。许多游击队员就是在这样的国际学校里培养出来的。

杜波：怎样才能打击恐怖主义呢？

梅纽因：我们不能以其人之道还治其人之身。我们必须全力以赴地促进我们的防御，但对那些可以拯救的人必须敞开大门，甚至包括游击队员。毕竟游击队员风行一时，还相当受人尊敬呢。

杜波：可我对这种尊敬却是心有余悸。

梅纽因：是啊，这也是实情。不过，不影响国家设定的一些限制的小摩擦还是挺刺激人的想象力的。美国就有这样的传统，一种非常了不起的法律之外的传统。

杜波：就像梭罗[1]的《民事违抗》[2]。

梅纽因：是的，完全正确。所以我们羡慕社会下层的某些人，他们反而获得了我们的尊敬。

杜波：你好像生活在禅的理想世界中，世界围绕着你运动，你了解事物发展的每一个方面。那是一种宁静而祥和的情感。

梅纽因：这是误会。你知道，我在对亲人和家庭方面的关爱并不比别人超脱。如果我妻子不舒服，或者没有按时回家，我会和其他人一样着急。

杜波：你读过《禅与弓》那本书吗？

梅纽因：当然读过，我认为那是一本很精彩的书。从某种程度上说，我们在小提琴演奏中的确实践过它的理论。实际上，我们不可能瞄哪儿打哪儿，只能尽可能地瞄得准些。当然，拉琴不同于射箭。射箭要有一段距离，任何细微的偏差都会射不准靶心，所以它的技术要求非常精确。我们也要把手指放到琴板上准确的位置，尽量不出差错。

1　梭罗（Henry David Thoreau，1817—1862）：美国作家、哲学家。

2　《民事违抗》（*Civil Disobedience*）：梭罗的代表作，主要阐明以非暴力反抗的方式拒绝遵守政府法令、拒绝纳税等观点。

杜波:你曾经说过,人总愿意去责怪别人,但舞台上的小提琴家和器乐演奏家,除了责怪自己以外不能责怪任何人。

梅纽因:对于音乐家来说,这倒是一件好事,他必须不断地去学习,这是不能回避的。如果他演奏时跑了调,没人能够帮他。也许他会说跑弦了,这倒是有可能;但是把音调准之后他还跑调,他就没什么话可说了。我觉得这种经历是非常有用的,希望类似的经验能使音乐家们更增强自己的责任感。举个小例子,有一次,我们乘坐的协和式飞机误点了。在临下飞机的15分钟里,我们都站在飞机的走道上。协和式飞机的走道有点窄,等到飞机找到对接口时我们就可以下去。终于,麦克风里响起了机长的声音:"这完全是我的过错。"我认为,他这样做很得体。

杜波:从社会学的角度来说,你最害怕什么?

梅纽因:我最讨厌乌合之众,那些聚众起哄的人。我知道他们很容易就会被扭曲,上司一许诺,花言巧语,他们就成了替罪羊。他们所需要的就是让他们得到信任,仅此而已。

杜波:在纳粹德国,希特勒就是通过操纵贫穷的中下层民众而取得成功的。希特勒使他们成了疯狂的乌合之众。

梅纽因:首先,人们没有受到过自我审视和自我检点方面的教育,不管在什么情况下,只要一出现麻烦,人们马上想到的是去找别人的错,谁是罪魁祸首,而不是反躬自问;只要有可能,就为自己开脱。如果当初希特勒找的是另外一些替罪羊,或是利用犹太人而不是把他们统统消灭,他就有可能让他们替他的纳粹德国效忠。这完全有可能,他们也会对德国忠心耿耿,充满爱国心。当你想到"行为"的时候,决不能仅仅认为德国人是可怕的，而把他们放入另册。看看斯大林做了些什么，还有越南和目前正在大动干戈的以色列。你知道第二次世界大战期间美国把犹太人遣返德国的事情吗？

杜波：当然知道。罗斯福了解这件事，丘吉尔在犹太人的问题上也未必那么清白。

梅纽因：这类谴责别人的事情必须制止，我想我们得学会遗忘，非这样不可。要把我们的注意力转到人类迫在眉睫的共同目标上，譬如教育、环境污染、药品，还有人们的价值观，价值的秩序，以及怎样保护青少年和他们的未来，怎样净化我们的社会和我们的思想。然而我们不能用残酷的手段去整治社会的弊端，要从正确的角度出发来解决这些问题。百废待兴，我们只有不计前嫌才能有新的开端。如果我们还是不断纠缠先人的宿怨——我们的父母被你们杀了，我们也要杀你们的父母，那样的话，事情就没个完。恐怕你知道那个古老的西西里家族的故事，每个人都在寻找机会报仇，世仇越积越深，最后，这个仇报起来没完没了。

杜波：最近，全世界都在谈论德国统一的事，可不久前人们还认为这是没影儿的事，谈谈你的看法。

梅纽因：是的，这是当今世界最令人感兴趣的事了。给你念一封我写给伦敦《泰晤士报》的信，这封信被登在报纸上：

先生：

就当前统一德国的问题经过深思熟虑之后，在两个都不现实的选择之间，即面对北约组织的介入和保持中立的国际社会，我们都得不到答案；事实上，一个独立、强大的德国正在为他自己的命运作出选择。

西德属于欧盟，统一后的德国应该属于东西欧结成的联盟，一个新的联盟也应由此诞生。

对于北约组织来说，如果为了实现得到东德的妄想，就会重现一个名声不好的阵营。这种政治解决的结果，造成了自1870年以来曾经三次出现德国发动侵略战争的气候。设想在东西德分属两个不同的阵营时，整个大欧洲保持中立是很不现实的。

因此，只有在各方政治压力下产生一个联合的欧洲，用戴高乐的话说就是"从英吉利海峡到乌拉尔山脉"的欧洲，才有可能延缓统一后的德国对别国采取军事行动。难道戴高乐的预言不会给我们带来一个最明智的进程吗？

时机成熟的时候，扩大欧洲共同体就会势在必行。随着当前一系列事件的发生，有必要进行联合的良好意愿和来自各方的要求发展的普遍感觉，并非是过于乐观的期望。联邦德国和所有其他半自治的地区，都会欢迎这个联合体的实现。这个联合体所要做的事情是：

1. 保卫和维护和平；

2. 作为促进联盟进程的典范，对发生争端的地区采取和平协调的方式来解决问题；

3. 对我们赖以生存的资源做出计划与方案，维系和不断改造空气、水源、土地、能源和食品，让人类生活在自尊、警觉与和谐之中。

杜波:看看美国中西部的干旱,它可能又会成为一个尘土盆地。

梅纽因:非常可能。《新约·启示录》中的四骑士[1]正在威胁着我们,饥饿已经迅速地向我们逼近,我们对此却毫无准备。如今美国的土壤耕地已经被破坏得差不多了。最后一次冰河期过后,很明显,土壤的表层只有十余米深了。这是自然演化的结果,但是农耕和森林砍伐大大加剧了土壤退化的进程。因此,我们需要再来一次冰河期。然而,有许多新的因素在改变着自然的循环,譬如说,我们正在耗尽我们的资源,同时破坏了臭氧层。风速也变得越来越快。这里还有一个典型的两极分化的事例——好的和坏的,风也变得喜欢走极端。保持平衡需要的是尽可能地在某些位置上移动,你总想艰难地保持在中间,但是不可能,因为中心位置在不断地被破坏。在以色列,在中东,平衡也在被破坏。尽管有许多人仍然想保持中立,但这变得越来越困难了。看看自然界的情况,风速变得忽快忽慢,温度变得忽热忽冷。人类的狂热也比从前更为利令智昏。

杜波:你所热爱的俄罗斯人民怎么样?让我们说说他们的状况吧。

梅纽因:俄罗斯必须给他的人民一些实实在在的东西。他们的体制已经失灵,没有什么东西可供分配,也没有刺激生产的任何手段。这些穷困的俄国人是一些神秘主义者,他们有着远大的目光。他们是一些追随着幻想生活的人,为此他们做出了

---

1 作者此处所指的是《启示录》中的说法,四骑士指的是战争、瘟疫、饥饿、死亡。——译者注

牺牲,因为生活是残酷甚至是可怕的。就像黛安娜所说的那样,那儿不是泥就是雪,冬天冰雪覆盖,夏天到处泥泞,生活一贫如洗。所以,他们为了舞台上的产品而生活,他们生活在想象当中。他们的文学水平史无前例,他们又是一个歌唱的民族,热爱诗歌,热爱音乐,总是准备做出牺牲。当然,俄罗斯人民在接受了我们的价值观念后,一步一步地模仿我们,到那时,也许会改变自己。也许用不了几年,他们会有完全不同的改观。

杜波:肯定会如此。就像日本发生的变化那么激烈,正如苏珊·桑塔格所说的,那种变化还伴随着日元通货膨胀的奇迹。

梅纽因:当然,日本人是勤劳的人民,他们很懂得节俭。而俄国人只能让他们的自我牺牲精神达到顶点。他们要负担一个庞大的国家,可是却没有足够的供给。他们的思想朝着永恒,他们的目之所见是广袤无垠的大地,每一件事物都趋于时空的无限。但紧紧围绕在他们身边的却是深深的悲哀,如此的贫穷和无尽的忧伤。相比之下,日本人整日忙碌在狭促的岛国上,大部分的东西都做得非常小巧。他们懂得应该怎样卖力气地工作,知道运用他们手指的天赋,因为他们的人生是伴随着筷子开始的。他们的眼睛、大脑和手指特别精确,擅长精巧细致的做工,适宜小型化作业。俄罗斯人只适合搬运大块的花岗岩,他们比日本人笨多了,当然了,他们也培养出许多优秀的舞蹈家和杂技演员。

杜波:你是否觉得来源于人声的音乐如今正在慢慢地与人疏远,那些音符好像是自己从键盘和电子乐器中跳出来的?

梅纽因:正是这样。当然,通过现在这些合成音响和电子音响,不用经过人这个中间环节,不用有人阐释,不用有人演奏就可以做出一张唱片来,这真是有意思。我决不反对这样的实验,我觉得这些实验在音乐探索方面很有用,他们的方式具有重要的意义。因为我们这个时代不同于其他任何时代,因此,我们无法把事情看得黑白分明,需要从不同的角度来看问题。在噪声和有意义的噪声以及音乐之间,在有机组合的声音和胡乱拼凑的声音之间有着不同程度的区别,就像我们对待拼贴画一样。这种不同角度的实验我丝毫也不反对,因为这可以提高我们对事物更为细微的差别的鉴别能力。就像在游击队和警察之间,在好人与坏人之间,有着许多层次和角度。这样看来,我们在某些方面还是有一些共同点的。基于这个共同点,总有一天,我们能够彼此沟通和谅解,正如我所说的,事情是可以弥补的。

杜波:歌利亚[1]一直都没有完全被看成是一个魔鬼,我们知道,希特勒还画水彩画呢。

梅纽因:是啊。不过,希特勒是否可以被拯救我表示怀疑。

杜波:你说得对,他是不可救药的。可是,怎么会有那么多人追随这些极个别的疯子呢?

梅纽因:因为如果要做个界定的话,许多人只能追随疯子。

杜波:这种定论让人再沮丧不过了。

梅纽因:可就是这么回事。那些人一旦受到挫折或是遭受痛苦,便出现精神危机,而只有那些狂人能够懂得他们的心理需求,能够给他们以非理性的许诺;往往会鼓动他们建立绝对的自我意识,培植骄傲感。这些疯子会对那些追随者说,"这一切都怪那些犹太人,都怪那些巴勒斯坦人",或者说"都怪那些黑人,

---

1 歌利亚(Goliath):《圣经》中被大卫所杀的巨人。

那些爱尔兰人,还有天主教徒,新教徒",等等。我们总是听人这么说。犹太人并不是世界上唯一遭到迫害的民族,看看在亚美尼亚都发生了什么事情。事实上,我觉得犹太人从本质上说是再一次承担了自己的苦难。当他们创造了一个舞台,从德国人那里赚钱的时候——我不赞成他们这样做,我认为他们可能已经埋下了罪过。实际上,你得付出许多代价才能洗干净你的手,正如德国人也得洗干净他们自己的手一样。他们在这方面做得相当不错。如今他们是这个世界上最文明的国家了,因为他们一直在赎罪。人必须在确立了罪孽的尺度之后才能成为文明的人。

杜波:你对反犹主义及其历史传统怎么看?

梅纽因:反犹主义一度曾被作为一种习惯接受下来,这就使得从事反犹活动的人毫无罪过可言。似乎这一切变成了正常的行为,成了传统授权和认可了的。犹太人不能一味谴责波兰人、俄国人和德国人,必须要谴责的是这种传统。如今,在波兰或德国几乎没有犹太人的情况正在改变,传统正在改变。现在的情况是大不相同了。你想想看,如果犹太人当时在以色列,而其他别的地方的人都在担心成为法西斯主义的牺牲品,那么情况就会截然不同,受害的就不仅仅是犹太人了。

杜波:是啊,最近我在巴黎一些街道上看到为死难犹太人举行的悼念活动,当时警察在现场布置了警戒线,以防恐怖分子的袭击。

梅纽因:如果悼念活动是为了所有在纳粹时期遭到不幸的死难者,包括犹太人、吉卜赛人和东方各民族的人,以及所谓低等民族的人,那么这种悼念活动就不需要警察的保护了。那也正是我们的错失之处。

杜波:让我们来谈谈公共场所的噪声问题。这些噪声差不多都是由啤酒店和粗俗不堪的言行引起的。这个世界上没有哪个国家的噪声比美国的更厉害了。

梅纽因:我举双手赞同你的看法。我曾把这个问题提交联合国教科文组织,我问他们,难道我们非得要纵容那些普通的标准被打破,不能采取些措施?不仅要降低噪声污染,而且要设立安静的时间段,让人沉默一下。我的意思是说,静默大都是各种宗教仪式的一部分,还有沉思,也是起同样的作用。事实上,在我的学校里,每天早晨学生们集合唱歌的时候,都要让他们接受良好的思想,不管是诗歌还是哲学,或是宗教,神秘主义,无论是什么,最后都要静默两分钟。静默的确是日常生活最宝贵的形式之一。

杜波:加拿大作曲家默里·谢弗写的两本书讲的都是声音和噪声的问题,一本叫《声景》,另一本叫《调音的世界》。

梅纽因:这两本书难道还不说明问题吗?他擅长创造、发现、寻找被他称之为“声景”的东西,与视觉的“风景”不同的是,他重建了一种听觉的环境。这种环境存在于不同的时代、不同的地点,完全不同于我们的生存环境。我觉得那是铁匠锤打马蹄铁的声音,是马车行驶在鹅卵石上的声音,当然不会有电动机车的声音。而今天,电动机车的声音成了我们持续不断的背景声音,它们几乎充斥了各个地方,简直无处可逃。谢弗称这些声音为“没有信息价值的噪声”。换句话说,我们假设一个原始人或是一个印第安人在乡间走路,他听到的各种声音都是有意义的。如果树叶沙沙作响,就有可能是动物经过,或是有人经过,也可能是一阵风从什么地方刮来。那是个别的树叶发出的特别的声音。如果是小鸟的鸣叫,对他来说也有某种意味,他大概能够懂得,鸟的叫声究竟是警告、害怕还是高兴。但是今天,我们却被毫无意义的声音包围着。

杜波:凯奇[1]说,所有的噪音都是平等的,这个说法我不同意。

梅纽因:不同意,完全不能同意。我们听到的噪声没有任何信息价值,它只能是对我们生存的妨碍。被无意义的噪声包围只是伤害的一个方面,更为糟糕的是,噪声会使我们耳聋。在两害的取舍之中,我真不知道该作出什么选择,无论是毫无意义的噪声还是让人难以忍受的噪音,都是很可怕的。在噪声中,我们扼杀了自己的感觉,变得麻木起来。如果我们对自己的痛苦变得麻木,那么推而广之,我们对他人的痛苦也会变得麻木不仁。

杜波:我们对充斥于电视上的暴力已经无动于衷,对于听到的噪声也变得麻木,这才是最危险的。

梅纽因:是的。我搞不懂那些人为什么说电视对我们毫无影响,这真是胡说八道。生活中的每件事都会影响我们。如果一个人对另一个人讲话,毫无疑问,这就是一种影响。我们从中学到了东西。一个人呼吸空气,也还有有益无益之分。更何况每天花几个小时看电视,你总不能装着什么也没发生吧。

杜波:据说美国人平均一天要花七个半小时用来看电视。

梅纽因:不可思议。每天要花七个半小时的事情对你会没

---

1 凯奇(John Cage,1912—1992):美国作曲家、作家。

有影响？真是胡说八道。

杜波：当然是胡说八道。为什么美国人手里有400万支手枪？十有八九是电视里的人带着枪。契诃夫说过，如果第一幕的场景中桌上放着一把手枪，那么在剧中肯定要派上用场。

梅纽因：那是自然。这些都是孩子们在电视上看到的，同一个角色在上个星期被杀死了，而下个星期他又回来了，他们不知道这是怎么回事。

杜波：所有这一切都造成了麻木不仁和失望无助的情绪。正如你所想到的那样，你发现了一个远离尘嚣的湖泊，而一长串汽艇呼啸而过，打破了寂静。马达真是无法逃避的东西。

梅纽因：在加拿大，纯然寂静的雪景已经被那些雪地机车大片大片地破坏。最可怕的是电锯伐木的噪声，那种声音真让人讨厌，我简直不能忍受。

杜波：空气污染也是极为可怕的事，但从神学的角度来说，没有什么比毫无意义的噪声对我们的伤害更大了。有哪个城市比得了纽约，它的地铁的声音就像个大怪物，就像是来自地狱的声音，人们看上去也像魔鬼了。

梅纽因：你知道，战争期间，我为纽约制定了一套计划；当时纽约的确是世界上最伟大的城市，最出色的城市。我的计划说起来很简单，只是得费点儿力气。它们包括三项不同的措施：第一项是清理每幢楼的第二或第三层的楼道，底层的楼道，这样人们就可以在各个街区里随便地走来走去，而不必在楼群间的小路上挤来挤去，因为可以从大楼的底层穿过。以色列特拉维夫所有的公寓都建成底层可以通行的样式，其实这样做十分容易。当然，得要留出电梯的升降通道，这样一来就会弄得挺干净。这只是一件事。接下来是建立街道和街心花园,在所有街道两旁都种上树。道路可以维持现状,只允许电动车辆通行。这样,人们就可以看到安静的、绿色的广场,一眼望去,只见到绿荫和电车。还有一项就是在所有的高楼大厦之间架设一种有一定高度的过街天桥,那样一来,人们就可以在一定的高度穿行于大厦之间,买东西逛街;设想它有二十层或是十五层,不论有多高,从这个高度走进大厦可以减轻街道上的人流的压力。这些想象中的事情早就应该付诸实施了。

当然了,纽约的地铁是个耻辱。纽约有的是钱,但都在私人的口袋里,一点儿也没有用于公共事业上。俄国人的宣传口号中可能会有这样一条:别把钱和食品给英国矿工,他们根本不需要,英国没人挨饿;把钱给纽约,让他们修一条新地铁吧。这难道不是个绝好的讽刺吗?

杜波:也许这是人类历史上最大的讽刺之一。

梅纽因:我认为,任何一个社会想要达到稳定,一定要使他的人民有一个不能降得过低的基本生活线,然后让他们尽可能地去竞争。意大利政府曾保证它的人民有便宜的糕点和橘子,那就意味着没人会挨饿,他们做到了。如今物价不断上涨,再也没有物美价廉的东西了,东西一便宜就不会有什么好货。举例说,在战争期间,英国至少还有上好的面包,人们的健康还差不到哪儿去。所以,一个国家最低限度要有好的面包,时令水果,遮挡风雨的帐篷;如果需要还得有一件过冬的外套,一双像样的鞋。所有这些东西都应该是免费的,一概免费。然后让人们按照他们的意愿各尽所能,展开竞争。

杜波:说得太对了。可是为什么政府不让你的计划付诸实施呢?

梅纽因:我的计划永远不会被付诸实施,我在谈到这些事情时能够开心五分钟就行了。我并不抱幻想。

杜波:城市与人民似乎失去了联系,都市生活已经失去了从前能给人带来刺激的活力。

梅纽因:是的。依我之见,在任何城市盖办公大楼和建立行政区都是个极大的错误。每个行政区都应该有人居住,办公大楼应该一部分办公一部分住人,这样一来,人们上下班就不必来回跑了。他们可以住在工作地点附近,就像过去那些年代的手艺人和他们的家庭那样工作和生活。如今,几乎没有人能在家里用手工制鞋了,那时前面是店面,后面就是家。可我知道,仍然有人在家里干着手艺活儿,在家里做小提琴什么的。为什么晚上办公室一关门,整个城市就变得死一般的荒凉?因为人们都住在别的地方。怎么成了这样?华尔街如果有一半的地方是住宅、剧院,以及其他休息场所,该是多好的地方,住在那儿会是多有意思啊。

杜波:是啊,我们不得不对我们居住的城市做一番深刻的反思。

梅纽因:纽约比其他城市还好一些,至少人们还住在麦迪逊大道,上班地点也在大街上,而其他城市一到晚上简直就像死了一样。

杜波:完全是死一般的寂静,当然,这是出于恐惧。

梅纽因:还有一件事,就是建筑业。高楼大厦绝不能仅仅用来办公,而应该用作住宅。再说,中世纪或晚近时代的那些小村庄,都有自己的村公所,自己的图书馆。为什么那些现代的大楼里,那么多的房间,成百上千的人,不能义务地开辟一个雕刻家工作的地方,一个音乐家弹琴的地方?没有一个让人们聚在一起听讲演的地方呢?应该有一些可供百十来人团体活动的小型场所。如今你所看到的是一个拥有1400万人口的超大型城市,而它所拥有的文化设施却低于30万人口城市的普通标准。如果那些文化设施达到一种很高的标准,结果会怎么样呢?我的意思是说,大都会歌剧院固然是第一流的文化场馆,人们经常去的音乐厅也很出色,大城市的特质和压力所产生的文化标准也是无懈可击的,但你不能牺牲成千上万的老百姓的爱好。不错,是得有一个高水准,然而也得有一个折中的办法,让大多数老百姓在他们的生活中有自己的文化,自己的娱乐,自己的选择。那样的话,我们的讨论才有一个基础。我知道,还没有一条法律法规规定建筑物内必须有一部分公用房间,以用于各种公共活动,包括艺术性的,智力开发的,或是其他别的活动。

杜波:也没有可以让你练瑜珈的地方。

梅纽因:瑜珈和坐禅,还有健身体操。

杜波:自从你发现了印度之后,瑜珈和坐禅已经成为你生活中的一个重要组成部分。

梅纽因:的确是这样。但我从来没有真正尝试过印度式的参禅打坐,当我研究或是思考一个总谱的时候,我会沉思冥想于我的音乐之中。不过,我曾做过珂陀瑜珈[1],那是一种姿势,还有呼吸的调控,呼吸是瑜珈术中非常重要的一个环节。我们这种

---

1 珂陀瑜珈(Hatha Yoga),起源于印度哲学的一种锻炼和修养的方式,强调通过控制身体达到精神上的完美。

文明生活的悲哀,就在于这是一种被限定的文明生活,它消解了我们生活中一些本质的东西,而让一些所谓人为的艺术取而代之。如果你愿意,管它叫手艺也可以。人们不得不去学着呼吸,不得不去学习走路,学着按自己的本性去生活。什么都得从头学起,但几乎没有人能够做得到。

杜波:我认为,语言从来没有像现在这样贬值,人们,特别是年轻人,不再相信语言了。

梅纽因:是这样。让我们看看那些贬了值的词汇吧。依我看来,人们不可能在谈及"和平"这个词的时候不涉及政治;"自由"这个词也不能再用了,没人懂得它的含义,人们只把它看作一个幌子。这实在是太可怕了。引起这种不良现象的原因十分明显:无家可归,缺乏爱心,缺乏凝聚力,一种社会的凝聚力,所有这些都是混乱的噪声,是杀虫剂,是毒药。而我们正在吞服着足以使我们毁灭的毒药。现在已经证明,在英国的利物浦,铅从陈旧的管道中渗入到水里,从而导致了人的神经错乱。这一点在猴子身上也得到了证明。你知道,自从1870年以来,漂白剂就被用于白面包的制作。人们把麸子和麦胚芽从面粉中筛除,再经过机器的磨制加工,同时加入漂白剂。这样的做法大约在20年前才被禁止。在长达50到60年的时间里,美国人用掺了漂白剂的面包喂猴子,最后猴子都疯了。这可没什么大惊小怪的。

杜波:食物又是另外一个话题。油炸马铃薯片这类有害健康的食品不断被吃到人的肚子里,所以美国到处都是大腹便便的胖子。到美国来的欧洲人见到美国有那么多的胖子,总是感到很吃惊。严刑拷打和政治谋杀这类事在我们这个残酷的时代又死灰复燃。在19世纪末,那个被称之为文明的世界有个理想,那就是至少不能再拷打人。

梅纽因:通常认为那是中世纪的事,但现在,那个幽灵又回来了。

杜波:从乌干达到阿根廷,从伊朗到中美洲,到处都是严刑拷打的密室。

梅纽因:这已经演变成一种国际现象。叫我能说什么?这是一种行业。他们交换情报,把它们存档,相关的机器被制造出来,相关的电子装置被制造出来。这是拥有特权保护的既得利益的工业运作。现在有可能做到的最重要的事情,就是逐个记下每个人的名字,好让他们知道,早晚有一天,他们会被带到审判席上。

杜波:想想你过去合作过的钢琴家,当他们的犹太人身份暴露以后,手指马上就被人弄断,如此野蛮恶劣。如今,这个惨无人道的世界居然又让那些恶行死灰复燃了。

梅纽因:何况我们现在又有了电视。因为商业社会必须要迎合人们的最低层次的需求,所以电视中除了性与暴力之外就什么也没有了。暴力是使人变得刚愎自用的最快的形式。如果你不能建设,就只能去破坏;你迅疾地去摧毁你所能毁坏的,然后就会因此而声名大噪。于是,人类那些最令人厌恶的特性,诸如残忍、暴力、不忠、无信,就会一股脑地冒出来,因为这些适合于商业化社会。在有的国家,暴力就是国家的暴力。国家用这样的手段施行控制,把暴力并入到国家的机制中,由国家来施行暴力,当然就不允许个人施行暴力。然而有一件事国家控制不了,那就是酗酒,在整个俄罗斯,酗酒是太普通不过的事了,那是俄国最头疼的问题。当然，在美国也是问题。

杜波：瑞士是世界上管理得最好的国家，是个文明的国家，对不对？

梅纽因：瑞士的文明程度让人难以置信，自然是世界上运行最好的小国。

杜波：也许这里的这个“小”字意味着所有的小的事物都值得重视。

梅纽因：也许吧，也许是这样。那里有一件有趣的事情，没人知道总统的名字。总统每年选举一次，在德国、法国和意大利人之间轮换。然而从没有妇女担任这个职务。

杜波：现在，瑞士妇女终于获得了选举权。

梅纽因：瑞士人非常保守，但他们的总统是乘电车上班的。当他上电车的时候，人们还没有起床呢。瑞士也没人炫耀武力，每个人都拥有枪支，但却没人滥用枪支。你永远也别想听见瑞士人变得疯狂起来，把枪用在不正当的场合。

杜波：我来念几段贝尔[1]的话，那是一本叫作《文明》的书，写于1928年，是在希特勒进入政府权力机构之前五年写的：

> 这些所谓的男人和女人的行为总是弄得像个渴望表达自己的拙劣的艺术家，然而他们不能通过创造来表达，只能用干扰别人来证明自己。这是一些渴求权力但却没有思想和感情的人，是制造战争和帝王的人，是和平的敌人。

---

1 贝尔(Clive Bell,1881—1964)：英国艺术批评家，著有《艺术》等文艺理论著作。

梅纽因：贝尔先生分析人的行为真是一针见血。我知道我们许许多多的观念和思想仍然来自穴居时代，那个时代的人不得不具有某种野蛮的力量。据我所知，尽管穴居人不必比某些现代人更加要借助残忍的手段，但至少我无法想象，他们比某些被生存本能驱使的动物更残忍。我一直对现代人的行为法则表示怀疑。

杜波：贝尔接着写道：

> 文明人的奇怪之处在于，首先，他们能够确认知识的价值，把知识作为达到完美的精神境界的手段。其次，他们把这种价值高高地置于功利主义的目的之上。

梅纽因：真有意思。那当然是一种精神的因素，这种象征性的因素是人类精神的基本因素。但它也常常转向错误的一面。这是因为，当我们自身与现实过于脱节的时候，我们就会设法谋划出另一个现实来，而这有可能是个错误的现实。没有什么能够阻止人们去拥护每一种失去理性的思想，看看德国人吧，由于他们在抽象思维和哲学思想方面具有天赋，因而在他们最荒唐的时刻造就了疯狂的希特勒。

杜波：是的，他们简直是全身心地效忠于希特勒，一个不及格的艺术家。他们放弃了他们的良知，放弃了曾经创造过丢勒[1]、巴赫、歌德和马克思的灵魂。

---

1 丢勒（Albrecht Dürer，1471—1528）：文艺复兴时期德国重要的油画家、版画家。

梅纽因:这正说明,任何一把刀都会转而与持刀人为敌。

杜波:斯坦纳曾经说过:“对伟大的艺术和文学全神贯注、过分着迷而产生的想象力,有可能使人变成自闭症患者。一个在街上哭泣的人,远不如在一本书中或是一个故事中对哭泣的描写来得有力,来得重要,显得更神秘。”现在许多人对艺术的着迷称得上是走火入魔。

梅纽因:是啊。我认为现在人们能够理解毛泽东的做法了。他把艺术家送到农村去,让他们在农场劳动。或者是在苏联,他们渴望让艺术成为大众的艺术,那样老百姓都能够唱歌跳舞。普通人对抽象艺术望而却步是可以理解的,但任何事情都一样,走过了头就会物极必反。民主之所以还算差强人意,就是因为一方可以平衡另一方;同样,妻子的作用就在于能够让她的丈夫迷途知返:“你在那儿干什么?”让他回到现实中来。

杜波:从男女两方面来看,哪一方更容易出现偏差,陷入一种不现实的状态中?

梅纽因:哦,是男人,女人好一些。女人要生儿育女,维持家庭,教育子女,还要忙这忙那。

杜波:男人能参加战争,能进入国会或议会,而女人得把孩子抚养成人。

梅纽因:是啊,男人是危险的动物,因为他生活在自己的幻觉中。他往往想要取得这样或那样的成就。有时他的成就是高尚的,有时他的成就是伟大的,但有时却完全是邪恶的。他是非常非常危险的动物,男人在很大程度上是很难控制的,而又明显地趋于自我毁灭。不过话又说回来,他们还是有过许多辉煌的理想的。

杜波:什么是有价值的理想?

梅纽因:我想应该这么说,有价值的理想是保护生命而不是去找个替罪羊,不是去毁灭生命。依我说,年轻人驾船出海保护鲸鱼,是一件非常纯洁、值得称赞、鼓舞人心的事,表现出了男人的豪气和人类的最佳气质。

杜波:鲸鱼是出色的音乐家,它并不伤害我们。

梅纽因:确实如此。我们很快就将面临一个棘手的问题,在这个问题面前,即使是所罗门王[1]也拿不出答案。什么是更有价值的东西?是拯救最后12条鲸鱼还是某个地方的10万人的生命?这是很难回答的问题,没有不假思索的现成答案。如果说人的生命重要,那么我们一直在糟蹋着成千上万的人的生命;在饥饿中、在疾病中、在日常生活中、在精神错乱中、在癌症中,有多少人丧失了性命。情况真是太可怕了,我们正在消耗着生命。那些反正要消耗殆尽的人,难道他们比12条健康的鲸鱼更有价值吗?我不知道。

杜波:在文明中,你认为哪些东西是不可或缺的?

梅纽因:一个文明的社会必须要有自己特殊的音乐与美术的风格,要有自己的信仰和神圣的价值观。换句话说,这个价值是看不见摸不着的,也是不能改变、不可损害的。我们满怀希望地看到,这个生存的价值观不仅来自人类的生命,也来自其他的生命。也有可能因此产生一系列的连锁反应:建立人的尊重感、创造性、社会秩序和邻里关系。

杜波:什么是系统的、有条理的宗教?

---

1 所罗门王:《圣经》中的人物,古代以色列王,以智慧著称。

梅纽因：我觉得，那些古老的、伟大的、无须照本宣科的宗教就是系统的有条理的宗教。它们所唤起的以及人们从中找到的信条，仍然产生于它们所规定的即我们所探询的象征性。我们不必相信我们的灵魂只是与受洗同来，或者说是圣母玛利亚给了耶稣生命。人类遗传下来的许多思想已经消失在神话时代，现在天主教中的许多信条都来自天主教之前。而我们与上帝之间的中介体耶稣是真实的，他被钉在了十字架上。在相当多的文明的传说中，他们的诸神是被人还是被野兽撕裂的，谁成为祭品或是以自身献祭，一直都是悬而未决的。耶稣的情形也很相似，因此我们应该能够在象征的意义上接受宗教的思想。这些宗教思想能够给我们同样的启示。但我们生活在一个充满疑问的时代，而教会已经被那些僵化的教条戕害了。

杜波：有一次我乘出租车，听到收音机里一个传教人士正在进行着电话问答。一位妇女问道："为什么上帝要让地震发生？如果他关心我们，他就不应该那么做。"主持人回答说："不，不，那是上帝在诅咒我们；我们已经很幸运了，毕竟他没有让地震每天发生。你应该因此而感谢上帝。"像这样的节目白天黑夜地充斥着美国的广播和电视。

事实上，不论人们走到哪儿，都会遇到狂热的宗教信徒。有一次，在公共汽车上，一个人转过身来对我说："你知道，我就要到天堂去了。"我说："什么时候你开始相信你要到天堂去呢？"他说："我已经'再生'，如果不相信耶稣，我就上不了天堂。现在我不得不信。我情愿相信，我可不愿意撒旦来找我。"他还说："你知道耶稣是上帝所生的唯一的儿子吗？"我跟他说了一些话，他听得直发愣。我说："你知道吗，我一直很奇怪，上帝怎么只生了一个儿子而没有女儿，我想他应该做得更好些。"那个人愣了一下，然后说："他只有一个儿子，可我有两个！"

梅纽因：发生这种事，真叫人难以置信。我们看到越来越多的信仰呈现出极端化的趋势，有些其实是非常幼稚可笑的。对此我们的答案很简单，就是要有自觉的意志和措施，身体力行，不能让上帝对每件事负责。上帝既不能对我们自身带来的痛苦负责，也不能对自然灾害负责，因为他不是拟人的监护者，守在那里用他那计算机式的头脑控制着进行中的每一件事情，然后对这个人那个人说，什么事将要发生。然而，命运是有的，我们不仅在创造着我们自己的世界，也在创造着我们自身的命运。我们的行为正在创造着一切。最终，所有的文明都会消亡，不仅因为它们会被从外部或是从内部推翻，而且也因为文明自身的弱点。这个弱点可能非常小，但它会慢慢地积累。在人性中一直有一种兽性，无论它们以什么方式出现，都会利用人性中的每一个弱点。这就像一个伤疤，一个伤口，也许有一天它会完全愈合；但如果我们自身不够健全，不够强壮，或是处在不够好的条件下，这些伤口也许会在某一天恶化。事实上，我们的文明的确有相当的弱点，它们已经摆在我们面前，有许多力量正在企图不遗余力地利用我们的弱点。

杜波：歌德曾对艾克曼说："这个世界不会像我们所期望的那么早地到达它的理想的目标，拦路阻挡的恶神总是守候在那里，阻拦和反对一切前进的事物。只要你活着，就会知道我说得没错。"

你怎么看待那些和我们同在一个星球上的动物？

梅纽因：举个例子吧，我一直觉得，不承认动物有灵魂是个极大的错误。今天,我们应该对此有更深刻的认识。“灵魂”是个很奇特的词,很难给它下定义。从某种程度上说,每一个事物都有自己的意识,我想我们得承认这一点。正如爱因斯坦所相信的那样,在物质与能量之间有某种联系。我一再想,世界上不存在两种完全不相干的因素;我确信,在原子中肯定有某种内在的东西,那是一种神秘的东西。至少在活的细胞中也有这种属性,作为某种更大物体的一部分而存在。它具有自己的功能,存活在其他东西的消耗中,或是与其他的东西共生共存。因此,这便成为了意识。我认为,在原子分裂的反应中,必定有着某种意识。有趣的是,比起那些在杂货店里买东西的人,那些以为牛奶是从罐头里来的人,更让科学家们大惑不解。

杜波:人类一直对动物非常残忍。对印第安人也是如此。我知道你曾对此感到十分痛心。

梅纽因:我来给你念一封很有意思的信,这是1855年一个印第安人的酋长写给美国总统的。其中谈到了动物和印第安人的悲剧性的命运:

> 在白人的城市里已经没有一块安定的绿洲了,没有一个地方能够听到秋叶飘落或是昆虫振翅的沙沙声了。也许因为我是个土人,理解不了那些现代化的刺耳的声音。但人们如果听不到可爱的夜莺的啼叫,不能欣赏到夜间池塘里的一片蛙声,那又算是什么样的生活呢?印第安人更喜欢倾听和煦的微风吹过池塘的水面,泛起阵阵涟漪;更喜欢正午时分一场清新的大雨,让人闻到松树的清香。这样的空气是多么的珍贵,动物、树木和人

类，所有的生命都在一同享受这空气。白种人似乎从不介意自己呼吸的空气，就像是行将就木的人，对自己的恶臭无动于衷。

如果我接受你们的买卖[1]，我就要定下一个条件：白人必须像对待他们的兄弟那样对待动物。我看到大草原上野牛尸横遍野，这都是白人坐着飞驰的火车时开枪射杀的。我是个土人，实在不能理解这种行为，人类居住的环境怎么能够没有动物？如果所有的动物都消失了，那么人就会在巨大的精神孤独中死去。一切事物都是相互关联的，人也同样会有动物的遭遇。不管什么灾难降临大地，都会一同降到大地之子的头上。

我们的子孙看到他们的父辈被人打败，我们的战士为此而感到羞辱。自从战败之后，我们就无所事事，只能以甜食和烈酒打发余生。再也没有伟大的部落的后代能在这个地球上生活了，再也没有人能够为那些无比勇敢强悍的人去哀悼了。

有一件事我们都明白，白人有一天也会发现这个真理：我们的上帝与你们的上帝是一样的。你们可曾想过，你们想要拥有上帝的心情和想要拥有我们的心情是一样的。但你们办不到。上帝是人的上帝，他对白人和红种人怀有同样的怜悯。大地对于上帝来说也是珍贵的，践踏土地也就是对造物主的蔑视。

白人也会走向没落的，也许比别的种族还要快一

1 指白人要买印第安人的土地。——译者注

些。如果你不停地往自己的床上堆放垃圾,早晚有一天你会窒息而死。当所有的野牛都被杀光,所有的野马都被驯服,当所有的神秘的角落以及我们的眼睛所见之处都充满了尘世的喧嚣,到了那一天,哪里还会有怡然安静的灌木丛呢?哪里还会有飞翔的鹰呢?这就到了生命的尽头了。

如果我们能知道白人的梦想,也许我们就能理解他们的做法了。不知在漫长的冬夜里,他们是怎么向自己的孩子描述自己的未来的。他们的脑子里闪现着什么样的美景?他们期待的明天是什么样?我们是土人,看不见白人的梦想,我们会走自己的路。

假如我们出卖了自己的土地,我们就必须得到印第安人保留地的安全保证。也许在那里,我们可以保持自己喜欢的生活方式。

当最后一个印第安人从地球上消失的时候,他记忆中的生活就像掠过大草原的一片云。那些海岸和森林,依然会保留在他的心中,永远留存。因为我们热爱土地就像婴儿眷恋慈母的怀抱。

杜波:今天,我们这个世界处在一个新的理想的边缘,欧洲也处在剧烈的震荡之中,只是没有 1848 年那种复杂的动乱局面。然而理想让我感到恐慌。

梅纽因:是的,确实如此。我记得看过一本很有趣的书,是一位研究人的类型的医生写的。他认为人分为三种类型,其中有各种各样的组合,关键在于是什么样的人。人都有五脏六腑,对那些本能需求占上风的人来说,必须满足他们内脏的要求。这是消化系统型的人。另一种是肌肉型的人,大都是司机、工人和士兵。还有一种是神经系统型的人,这些人是思想者,神经过敏者,知识分子。每一种类型中都有优秀者,也有败类。消化系统型的人容易流于贪婪。那些过于肥胖的人大吃特吃,广告上做什么,他们就吃什么。那些可怕的食品对大脑、肌肉和神经系统丝毫没有改善,这种对食物的贪婪,在某些资本主义的准则下,就会转化为对领土的贪婪。

杜波:是的,他们寻求的是“更多”,然而他们不明白,一无所有才是福,一无所有才是你的所有。

梅纽因:至理名言。是啊,“更多”这个字眼耐人寻味。在某些阿拉伯国家,男人娶更多的妻妾,不受限制,这是受肉体本能的驱使,受消化系统的驱使。肌肉型的人也会转化为其他类型。这种类型中的极端分子有控制的欲望,想拥有权力,拥有支配欲。当然,他们也可以控制自己的肌肉来拉小提琴,只是那种控制的极端欲望无异于用肌肉来演奏乐器,他们想要控制能力所及的一切。如果可能的话,整个世界也不在话下。对于控制者来说,任何不同的声音都是不完美的缺陷。于是,就施行舆论检查,压制言论自由,设置清规戒律,乃至抓人杀人,无所不用其极。总之,不允许任何不同的声音出现。

杜波:对于专制的暴君来说,不能实行完全的控制是最大的痛苦。但要做到这一点谈何容易。

梅纽因:我确信这一点。

杜波:肌肉型也可以向体育型转化,尤其是在美国。有些人近乎疯狂般地把自己的身体练得全是肌肉,他们通过举重、跑步来锻炼自己的肌肉。我想许多男人是想借此寻求一种男子汉的魅力。

梅纽因:是的,上边说的每一件事情都有它的主观原因。只要你不断地改善自我,而不是依靠别人来实现自己的志向,你就能学会自我控制。这种做法也可能导向一种极端化,但自我控制的做法是一件非常有益的事。

现在通常认为第三种类型的人,也就是大脑和神经系统型的人是被思维过程和错误信息控制的人,是有思维定式的人。这简直是弥天大谎!这来自看似单纯而无辜的广告:买这个,它会治好你所有的病痛。要不就是:买这个,假如你是秃子,它会让你长出头发。思维的控制始于弗洛伊德和精神分析学。在人类的生活中,每件事都像一把双刃剑,既可以用于好的目的,也可以用于坏的目的。比如精神病学,也有可能被用来害人。据我所知,在俄国,他们曾经把那些持不同政见者关入精神病院,也许现在仍然如此。基督教对待异教徒也是这样。当然,那些疯狂的学说,那些教条式的、盲从迷信式的、政治化的理想,永远也不可能取代宗教。生活并不是一本打开的书,无法给人以完美的答案,无法满足人们无尽的渴求。

杜波:人类所面临的问题似乎从来没有今天这么多。就说人口负担过重的问题。1955 年,芝加哥的人口是 300 万;到了 1990 年还是 300 万。而墨西哥城 1950 年是 300 万,到了 1990 年差不多有 3000 万了,成了世界上人口最多的城市之一,稠密得简直令人窒息。怎样来拯救这些城市呢?这个问题得尽快解决,不然大部分人将会因此而丧生,死于人口过密:缺乏空气,缺乏饮用水,他们会在困境中死去。

梅纽因:这是人类最大的罪孽之一。战争期间我到过墨西哥,那里的空气像水晶一样透明,像香槟一样香甜。1989 年的前夕,我又旧地重游,那里简直糟糕透了,几米之外的东西就看不清了。

杜波:让我们做一个假设:如果现在我有权利让你去拯救墨西哥城,你会从哪儿下手?

梅纽因:首先,必须制止所有的污染,必须提供干净的饮用水和帐篷,也许有必要重新安置那些自愿返乡的人——当初他们开着车离开家乡,来到灯红酒绿的诱人的城市。他们已经摆脱了对土地的依附,失去了依靠和责任感;他们很想来城里碰碰运气,可是没有成功;他们一无所有,就连家也丢了。那些生活在污秽的贫民窟里的人口数量必须降到一定的标准,各个阶层的人都要实行节育。只要大地、空气、水没有达到一定的生态标准,所有的人只能维持在同样的生活水准,包括同样的食品。在天气晴朗的日子,学校应该搬到户外的帐篷里,让好的老师来上课。要建立一个免费食品免费住宅的供应网。

杜波:还有免费的保险套,婴儿不能再大量地出生。正如福勒说的那样,子宫是所有的区域中最危险的地方。

梅纽因:应当鼓励人们这么做。这是一场战争。但我认为,那些不是来自墨西哥的人,应该在人口稀少的地方得到一块土地,安居乐业,防止人口成倍增长。

杜波:我们只不过是这个星球上的匆匆过客,最好从一开始就学会严于律己。

梅纽因:我们一定要拯救这种现状。但墨西哥的现状仍然很糟糕,当局腐败,负债累累。他们永远也付不起那些债务,所以我们得说“忘了那些债务吧”。这种情况下有多少钱也不够用的。“我们免除你们的债务，只是考虑到你们这种现状。”不幸的是，我们把好心送给了腐败的人，我们能有真正可信任的人吗？教育、住宅、道德、野心、物质主义，所有这些问题都集中到一起了，每一件事都互有牵连。这是全球性的问题，对此我们必须有新的认识。

杜波：今天，毒品成为世界性的祸患。从酒精到现在的冰毒，人们用各种毒品来排遣绝望的情绪。即使将它们合法化，那种绝望也不会消失殆尽。这有点像沸腾的60年代，某些知识分子比如赫胥黎便沉迷于LSD[1]。有一次他说：“许多人可以从仙人球毒碱和麦角酸得到神奇的效果，借此唤起失去的记忆，进入他们的心灵世界，乃至获得生命的活力；这个过程也许需要六年的心理分析，但一切在一小时之内便完成了，这种经验在其他领域里解放了思想，拓宽了思路。这表明，我们习惯的不过是传统的创造物，在此之外，还有许多不同的世界可供探索。认识到我们大多数人度过了我们大部分时光的这个宇宙不是唯一的，这是非常有益的。人们应该有这种体验，我认为这才是健康的。”

梅纽因：真有意思。没人比赫胥黎更有趣了。我很了解他。记得我小的时候经常耳朵疼。那是在法国，有一天我的耳朵疼得很厉害，来的医生给我用了吗啡。我永远也忘不了用过吗啡之后的那种极乐境界的感觉，甚至很多年后我还想着那东西。尽管那以后我再也没用过，可是也绝没想到它对我产生了那么大的作用。许多人一沾上毒品便不能自拔，他们的生活一下子

---

1 LSD，麦角酸二乙基酰安，一种迷幻药。

就成了另外一个样子。真是太可怕了。照赫胥黎的说法,人到了这种时候便无法预见这类药物的巨大危险了。开始的时候,人们只看到它的好处,没有看到这种嗜好的潜在的麻烦。我宁可花上六年或是十二年的时间去寻找解决痛苦的办法,也不相信有什么可用的捷径。除去过程而只要最终的感觉,这只能是每况愈下;因为寻求解决问题的过程才会带来真正的满足。如果你不得不与自我抗争,要寻找自我,发现自我;如果你不得不寻求自身以外的其他的生存方式,如果你要得出存在着其他意识形式的结论,你就必须亲身体验一番。我可不想在我身上使用麻醉剂或是其他令人愉悦的电极方法。我讨厌受到摆布,被那些政治煽动家,来自印第安部落的音乐,或是其他使我感到温和或刺激的这种那种方式,我不能忍受这些。我喜欢我自己的存在方式,喜欢自己的感官、知识和精神的组合方式。幸运的是,我不必通过麻醉剂去寻求解脱,不必去承受那种压力。我的确不能与那些必须寻求某种解脱的人共同生活在这个世界上。

杜波:当然,赫胥黎也知道他并不是在服用了 LSD 的状态下进行写作的。迷幻药是一个彩色的梦,一个虚幻的世界。但是它使太多的人沦为它的奴隶,人们感受到那种乐不可支的滋味,甚至希望那种感觉再度发生。

梅纽因:是的,肯定是这样。正如赫胥黎所说的,那是另一个世界,可我们却陷进去不能自拔。需要脱离这种陷阱是明摆着的事。成千上万的人过着沮丧而灰暗的生活,他们不知道为什么而生活。也许这就是人们作茧自缚、自投罗网的原因所在。莎士比亚剧中的罗密欧不就毫无意义地自戕了吗?

杜波:是的,这也是挺有意思的,我们的内在与外表,两者往往是不相称的。你看吉泽金[1],那么大的块头,演奏起德彪西来就像是在风上行。毛姆曾经写道:“过去曾经认为身体对灵魂的构成会产生影响,但现在很多人从这个观念缩了回去。而我坚持认为是有影响的。假如我不口吃,或者我的身高再高个四五英寸,那么我的灵魂就有可能与现在完全不同。”

梅纽因:太有意思了,说得没错。每双手都会造就不同的小提琴家。

杜波:看看那些音乐天才的手,不是太大,就是太小。有些人的手指就是不能让小提琴歌唱起来。

梅纽因:人的社会存在有时可能就像一个壳,人把自己封闭在里边。小的时候,我时常用一种超然的眼光看待自己。当我们在寻求一种特定的生存状态时,往往把超然和独立性抛得太远了。

杜波:人类有许多动力,我们是被一股巨大的力量推着前进的。善良与邪恶,生命与死亡,我们越是研究自己,发现人类的天性就越复杂。对于你来说,什么是人类的主要动力呢?

梅纽因:人类发展的最大的动力当然是一种延续性,我们想要繁衍下去,而且不惜一切代价,我们正是由此而来。从本能的生育角度来说,许多人都知道创造的喜悦,那是一种无法超越的神秘的结合,我们对此有着深深的渴望。当一个艺术家取得了了不起的创造成果时,所有的一切都是生活的自我更新,同样是生活动力的一部分。这是一种自我表达,但却远比自我表达来得深刻。这是对自我表达的超越,是普遍的动力的一部分。我

---

1 吉泽金(Walter Wilhelm Gieseking,1895—1956):德国钢琴家、作曲家。

觉得这是我们能够认识到的进步,但我们试图用语词把它表达出来的时候我们却失败了。进步是从坏到好的一个过程,但我们却只知道它好的一面。我们只知道一个微笑的孩子比一个哭丧的孩子更好看,我们的认识仅限于此。我们只知道一首优美的诗比训练有素的士官的大声吼叫要好听。这是一种进步,这种进步是在一种完美的行进的姿态中,也许是在两句完美的短语之间,也许是在杂技演员或是舞蹈演员完美的动作的一瞬间。无论怎么说,肯定要比某个快要倒在路边的人的姿态要好。

杜波:我们懂得这些,在生活中,我们早就感觉到这一点了。

梅纽因:是的,非常早。孩子成长的驱动力是在处理事情时逐渐形成的,他们不断寻找着更实用、更直接、更有目的性、更有条理的方法。有时我们看到某个丑陋的东西便会想到,为什么它是丑陋的呢?因为它不和谐。很早我们就意识到这一点了,于是我们就有了进化的方向。假如我们写作,我们就得寻找好的句法。为什么我们对奥林匹克运动会有着如此的热情?因为我们想要看到骑马、跑步、跳高、滑冰,这些我们平常所从事的运动的最高水平。于是,我们生活的每一天,我们所看到的平常的人,就与那些完美的短跑者,那些杰出的运动员之间有了联系。这种运动始于古希腊,当然,也可能更早。它显示了人们对超越平凡生活的企求,成了我们生活的某种目标。

杜波:是的,一百多年来,短跑运动员一直试图打破四分钟一英里的记录,终于在 20 世纪 50 年代,我记得是班尼斯特创造了 3 分 59 秒 8 的成绩,很快兰迪就超过了这个成绩。如今,这已是很普通的速度了。

梅纽因:这真是了不起的事,正是这样的事鼓舞推动了我们的生活。然而不幸的是，这种推动力在今天已经不那么起作用了。如今，人的消极被动性到了顶点，我觉得甚至是空前的。我们看电视，看到各种各样五花八门的暴力场面，就像是贪婪地咀嚼着有毒的比萨饼。这种把所看到的和所经历的事物截然分开的做法是非常危险的。生活的经历和通过影视去看的东西是不一样的，身临其境和在屏幕上看到的悲惨与恐怖是不同的。人们只有面对现实，才能得到健康的思想，灵魂才不会沉沦。只要人能面对现实，就可以变得越来越坚强。看看陀思妥耶夫斯基，西伯利亚的流放并没有摧毁他。严酷的事实是去看它，甚至画面带有明亮的色彩，但你不必身临其境。孩子们可以读仙女的故事，还有格林童话，那种可爱又可怕的故事。这都不要紧，只要他们读这些书，而不是从中获得一个真实具体的形象；孩子们可以发挥他们自己的想象力。总而言之，只要你读书，它们就会影响你的思想。但是一旦把这些书里的故事拍成电影，人们像看待现实那样去看它们，诸如流血等刺激的场面，那就完全是另一回事了。

杜波：是的，但今天的年轻人极为热衷于恐怖电影，他们鼓掌，尖叫，希望场面越刺激越过瘾。好像巴不得亲身经历一下那种不人不鬼的行为才好。

梅纽因：我知道，就是那样，真是不可思议。我觉得这是进步的一种“疏离”（alienation）。

杜波：没错，就是这个词。alien 这个词的本义就有背道而驰的意思。

梅纽因：我小的时候做过送货员，不管自行车上装的是什么东西，干这活儿的男孩都是一边蹬着车一边吹着口哨或是唱着歌,送报纸的男孩儿往往也哼着小曲。这种日子已经一去不复返了。是啊,记得大约是30年前的事,在费城一个炎热的夏天里,我刚好路过一个贫民区,看见一些人居然坐在自己的家门口唱着歌。还是那句话,那种情景一去不复返了。

杜波:这还是积极与消极的问题。今天,人们的感觉被糟糕的广播电台给毁了。差劲的摇滚乐没完没了,没头没脑,闹哄哄不停。

梅纽因:昨天和罗斯特罗波维奇的晚饭有点儿晚,然后我们出去散步。走在乔治镇的街上没遇到一个人想要停下来问我点儿什么,哪怕是说点儿什么。

杜波:你不是在开玩笑吧?他们会毫不留情地杀了你。这就是疏离,隔绝。谋杀在今天是不真实的,它只是出现在每天的电视屏幕上。在美国,谋杀在现实生活中令人毛骨悚然。不法分子们各自都有自己的“地盘儿”。

梅纽因:这真是让人悲哀啊。我小的时候可以随便在街上走,即便是在纽约,在战争期间也是如此。当时纽约是世界上最大最重要的城市。可事到如今,一切都太晚了。

杜波:的确是太晚了。我曾经喜欢过纽约,但我现在不再喜欢它了。纽约的治安一天不如一天。刚才谈到人与人的疏离感,在纽约,甚至不能让你平安地走过一个街区。那些无家可归的人到处游荡,但是他们从不唱歌。每个月他们都聚到那些街道上大谈特谈,并由此滋生出一些恐怖疯狂的事端。近五年来,曼哈顿的堕落更是让人难以置信。光在曼哈顿就有200万人无家可归。

梅纽因:是啊。可外面的世界很精彩。看看中国人的所作所为，多么让人感动啊。他们想要赶上并超过我们，而我们现在能够给他们提供什么呢？我想我们最好是找回自己的感觉，在世界上旗帜鲜明地表明我们的立场。

杜波：恐怕我们现在也是无能为力了，只能维护着颓废衰落的资本主义，一心一意只想怎么赚钱。报纸上的大标题赫然写到："唐纳德·翠普最性感"。市场上除了垃圾还是垃圾。我真希望梭罗有一天能走出瓦尔登湖，到纽约的街市上走一走，想必他会认为掉进了迷幻的地狱中。梭罗曾经写过一篇文章，题目是《没有规范的生活》。文章写道："所有赚钱的途径毫无例外地把你引向堕落，你赚了钱所能做的任何勾当只能使你无所事事或是更糟。"我知道你见过许多年轻人，其中有些人非常出色，他们心很软，关心着我们这个日渐颓衰的星球。有些人还写诗，想要知道怎样才能使自己的心灵不麻木。他们想要自我保护，但是不知道该怎么做才好。

梅纽因：你说得不错，他们的确不知所措。不过我认为，在他们力所能及的范围内，无论是面临精神世界还是物质世界的选择，他们都应该努力去做得好些。但他们在幼稚的理想主义碰壁之后，不能够屈从于彻底的绝望。比如通过理解来达到消除暴力的目的，事情就有可能出现转机。但是，必须有一个自我防护的措施，同时必须学会去理解这两种选择：要么做一个和平主义者，要么把对立与攻击看作是唯一的可行之路。然而，我们需要一种均衡的思想，一种明智的办法，一种成熟的办法，要当机立断。一旦接受和同意的事就不要轻易去改变，而是尽你所能向最好的方面转化，和全世界的人民一道去努力。所有这些都存在于萌芽状态，让年轻的一代来关注吧。

杜波：但是，萌芽很容易被碾碎，通常是被无情地摧毁。我想人类的大脑的某些部分恐怕是有缺陷的，分裂的部分和精神病正在占上风，特别是全世界的人口已经超过了40亿。

梅纽因：有关伊甸园的古老传说和潜在的道德伦理的知识，其中含有一个伟大的真理。由于个人的原因和自我意识的存在，以及人的记忆的能力、想象的能力和设计的能力，使得人比动物更疯狂。人类用想象力来指导自己早期的生活，这种想象也许包含在词汇里，或是包含在一个幻觉里，或者一个承诺，以及可能的一切形式。现在，爱国主义、理想主义之类的传统我们已经不再拥有了，我们所有的只是为暴力而暴力。

杜波：过去，我们曾有过很好的行为方式，早些年，这些方式曾在很大程度上阻止了暴力行为。

梅纽因：是的，正如你所说的，良好的行为和礼貌的举止一直是非常有用的社会关系的润滑剂；当然，它曾被认为是一种伪善和矫饰。事实上，我们根据一个理想来指导我们的生活已经有点儿不正常，因为我们每天的生活都被那些根本不切实际、无法理解的箴言或是原则所左右，我们已经是在作茧自缚。但实际上，那些箴言或是原则是有用的，常常为我们的所作所为提供辩护的理由。所以我们竖起旗帜给我们想要的虚假的崇高以赞美。

杜波：我们这个时代良好的标志是什么？

梅纽因：只有一件事：许多人至少完全放弃了那种天真幼稚的“主义”信仰，这些主义抛弃得越多越好。

杜波：在这个如此令人沮丧的时代，你怎样对待今天的这个世界？

梅纽因：我很幸运，我有音乐，有一个好妻子，还有很多出色的合作者，他们互相关爱，互相信任。我的孩子们也很争气，他们当中没有一个吸毒或是酗酒的。我很知足，当我指挥一个规模很大的管弦乐团时，当我参观访问我的学校时，当我从这所学校得到回报时，当音乐会结束后人们来看我时，我都感到极大的满足。不管怎么说，我抓住了每一个机会。我已经得到了太多的回报。同时，我也清楚地知道，新的一代已经成长起来，尽管我至今还没有同他们接触过。他们可能就是我在乔治镇上看到的年轻人，或者是来听我音乐会的年轻人。他们来到这个世界上却缺少教育，健康不良，头脑混乱。他们是现代文明的产物，一切都有现成的答案。所以，他们只是在电脑上处理问题时显得得心应手，只能摆弄具有现成的信息甚至是现成答案的机械设备。假如你问他们"我要搭乘的班机的座位号是什么"时，他们只需按键就会告诉你准确的答案。

杜波：电脑是个魔鬼，它比以往任何时代的机器更让人感到疏远。电脑使许多人不假思索地确信，它会使生活更为"简单容易"。

梅纽因：确实是这样。问题在于，如果你问许多人关于这个问题的个人观点，他们可能根本就没有想法。即使他们有某个信念，他们也不知道现在开始做什么，不知道怎么实现自己的信念。他们不习惯制订一个计划。就我自己来说，我是有准备的，不会被这类问题所困扰。我非常幸运，能够和你一起谈话；再比如，那天音乐会结束以后，赫尔姆特·施米特来找我，我们一直聊到凌晨2点。因为我太幸运了，所以我觉得自己有一种责任去做一些自己愿意做的传播工作。我有音乐，我有对音乐的追求。

杜波:好吧,我继续来做这个魔鬼的辩护人——音乐已经变得疯狂起来。那些差劲的音乐与日俱增,它们会把你所知道的音乐艺术清除干净。那种音乐里没有多少优雅的乐感。人不能脱离开音乐,但是不可思议的是,所听到的尽是一些垃圾音乐,那些原始的节奏听来让人心惊肉跳,让人有半死不活的感觉。对于成千上万的人来说,音乐是他们所拥有的全部,能使他们保持清醒的头脑。有一首歌的名字叫作《当我来到天堂的时候,那里还有摇滚吗?》。音乐已经被迫成为商业活动的一部分,成了巴甫洛夫和奥菲斯[1]的悲哀的结合。

梅纽因:是的,摇滚乐已经越来越流行了。

杜波:这就是世界的民主化带给我们的吗?男人们被没日没夜穿墙而过的摇滚乐所包围,他们的遭遇难道不是一种牢狱之灾?迈克尔·杰克逊的一首令人讨厌的歌,他的唱片销售量超过历史上所有小提琴家的唱片。顺便说一句,你看电视中的商业广告吗?

梅纽因:是啊,广告中所描绘的乡村风景远比你在现实中所看到的绿得多,漂亮得多,到处都是快乐的人,他们钓鱼,或是躺在棕榈树下乘凉。

杜波:在这个可怕的、多愁善感的、怀旧的工业化社会里,所有的一切都成了市场经济的一部分。世界上没有留下一块绿洲。亚马逊热带雨林每一秒钟都会有一块足球场大小的绿地被

---

1 奥菲斯(Orpheus):希腊神话中阿波罗之子。弹得一手好竖琴,能够感动木石。——译者注

毁。人们所称之为“开发者”的，实际上应该用另一个词，就是“毁坏者”。所有的森林都被砍伐，牲口被赶到空地上去吃青草，于是乎就可以卖更多廉价的汉堡包。

梅纽因：我知道，我知道一切都失去了控制。在我的一生中，我能想起来的是爱尔兰。当我第一次去那里的时候，那里的绿色简直难以用语言来描绘。那种绿现在只能在艺术色彩中见到了——彩色底片上的。使用肥料的结果是只能使人看到到处干裂的土地。

杜波：你听过摇滚乐吗？

梅纽因：没有专门去听过，可是你无法逃避这种流行音乐，或是还有更多其他的音乐。要知道，摇滚乐是相当可怕的，它培植起为数不少的企图逃离现实的人的叛逆思想。

杜波：它同那些毒品一样有效力，一样有危险。迈克·基格和迈克尔·杰克逊统帅着一支军队……

梅纽因：我曾经到过一次摇滚音乐会的现场。那种音乐，怎么说呢，如果让我用一个词，那就是受刑、受煎熬。巨大的音响简直就把人淹没了，我的泰然镇定消失得无影无踪。我不得不抵御这些音乐，为我自己保留一个真实的空间。每件事都适合于支配一个人的感觉。我不能参与到商业化的活动中去，这是不自然的、丧失个性的、廉价的、歇斯底里的表现。大量的钱花在音响、服装和布景上，演唱者的身上布满了仿钻石饰物和金光闪烁的小金属片。那些东西的反射光刺人眼睛。可那些年轻的观众看上去却像是被施了催眠术一样。如果他们知道我对这种音乐的看法，也许会向我做出嘘声，说我不理解他们，不懂他们的情感和需要。其实他们不知道，他们已经处在被人操纵的危险境地。看到那么多年轻人如此麻木不仁,真是令人不安。他们模仿着舞台上的姿势,而他们的情感已经被商业利润所嘲弄。

杜波:通过摇滚乐来使世界音乐化是我们这个时代的一件可怕的事。如今已经不再有当年利物浦的披头士那种甜美的风格了。我们成了摇滚的囚徒。有一条电视广告说,摇滚将永远存在下去。

梅纽因:摇滚乐与披头士的初衷相去甚远,当初的披头士是在利物浦的小街上自发的产物。

杜波:从社会进步和教育体制方面所提出的口号来看,从社会的残酷性和破坏性来看,你认为20世纪比起过去的几个世纪是更好了还是更坏了?举例来说,你是不是更愿意生活在18世纪的法国?

梅纽因:那倒不见得。我认为我们这个世纪给人们提供了许多令人兴奋的东西,还有各种各样的机遇。正是在这个世纪中建立了不同事物的性质在程度上的差异,而不是完全的不同。我总是喜欢把这种差异比作气体、液体和固体,在不同的温度下会呈现相同的状态。我们更知道程度的差异。和我们的祖先不同的是,我们对许多事物的看法不再一成不变:我们不再单纯地认为事物只有好与坏、黑与白的分别。从某方面来说,这是件好事,我们现在知道了事物是能够逐步地改变的。然而我们的确无法确认自身的承受力,必须找到一种新的罗盘。人类的道德规范不会改变,伟大的先知将被赋予新的神圣感,面对各种新的方向,也许我们能够找到自己的道路。当然,必须承认的是,我们正生活在一个新旧交替的不稳定的过渡时期。人类被束缚在一个社会关系的网里,这张网有许多地方已经破烂不堪,人们比以往任何时候都更显得孤独。

杜波：中世纪的人不会有疏离感。他们确信地球只是一个平面，而上帝是人的唯一主宰。他们一辈子也没有走出过让他们感到安全的村庄。

梅纽因：我敢肯定，在曼哈顿那个小岛上，百万生灵中的绝大部分人是生活在没有家庭关爱、没有友情支持的“网”中，我就是这么看待他们的。这是个大悲剧。我们必须重新学会与所有的人相处，无论是作为人类、国家，还是种族、宗教，都不能与世隔绝。所以，我们必须着手培养人与人之间的纽带关系，加强这种联系。看到大片大片的土地和美丽的森林被毁，我们自然感到悲哀；看到成百万死于饥荒的人，或是在咆哮和杀戮中掉了脑袋的暴徒们，我们当然也感到悲哀。这些都是人类疯狂的方面，这表明我们的思维能力与我们的普遍性、情感、直觉和同情的天性不合拍。我们抓住了解决问题的方法。我们没有过去的解决方法可以借鉴，就像是刚刚出生的人。

如今，年轻的母亲都借助于五花八门的育儿书籍。而在过去，有传统在，食品是现成的，有家庭在，没有什么新的因素介入社会，做母亲的无须去学习怎么抚养和照顾孩子。但在今天，年轻的母亲既不和上辈在一起，也不和其他的母亲交往，只好靠书本。不想要孩子的情况太普遍了，人们没有能力照顾孩子。所有这一切都是一种严重的疏离感的征兆，是与大地和天空的隔绝。我想，年轻人应该比过去更清醒地认识到这一点，还是和上年纪的人合作为好。

杜波：我认为年轻的一代比从前更隔膜更孤独。据说非婚生的婴儿的数量多得惊人。十三四岁的年轻女孩为了她们所谓的爱而不顾一切,仅在美国,每个月就有几千个非婚生的婴儿来到这个世界上。这些年轻的母亲根本不会侍弄婴儿,在青春期就迅速失去了对生活的信念。我看不出今天的年轻人有多少知识,比方说20世纪60年代出生的人。就连那些所谓受过教育的年轻人也不能胜任他们的职业,他们的生活只是为了钱。香烟和食品上的那点儿标签几乎毫无意义。有知识的人比过去更少了,而饕餮之徒却越来越多。每个领域每个空间都岌岌可危。比我们更可爱的猎豹和美洲虎在这个星球上已经活不了多少年了。我想,你一定在支持那些为数不多的有识之士,他们在自己的领域里正在显示出对人类生存境况的认识。但是,你真应该跟我到美国任何一个城市去走走,和上百万无望的黑人、拉丁美洲人、吸毒成性的人和无家可归的人去谈谈。再也不会出现马丁·路德·金式的反暴力主义者了,也不会再有甘地那样的人物了。黑人们都武装起来了,摇滚乐的狂轰滥炸恐怕已经充斥了电视和麦迪逊大街,你所说的那种社会网络的连接相当缺乏,所有这些将会在街区产生破坏性的紧张与压力,特别是在美国这种地方。驾车行驶在这个国家,你可以看到人们遭受攻击的压力从来就没有停止过,高速公路成了战场。至于欧洲,他们对于自由的价值观只是体现在一辆新车,或是花样翻新的产品上。你一直是我们这个世纪的幸运者,你把你的艺术和你的爱心慷慨大方地给了我们;然而你必须招募一支梅纽因大军,以防我们受到狼的伤害。

梅纽因:是的,大的灾难恰恰就发生在我们身边。曾经是无穷无尽的时间如今正在缩短,时间带着它的射线进入自身命运的轨迹。而我们现在对自己的命运的影响却是越来越小了,对自然的控制力也很弱。当我们登上月球的时候好像还显示了一点儿控制力。我们有时间去教会我们自己获得你所祈求的认识吗？这是一个大问题。

杜波：是的，弗洛姆曾经说过："人之所以成为人，只是因为在一般的趋势中，他可以期望自己和自己的孩子能活着看到下一年和许多个下一年的到来。"可是现在的人类不仅在挨饿，而且越来越陷入精神的痛苦之中。

梅纽因：我看我们还不至于到自我拯救的分上。我还看到有许多杰出的人，他们不仅心存善意，而且还身体力行。

杜波：不错，但是他们的善意善举不断地遭到破坏。我们必须为保持人的天性而苦斗。史蒂文森曾经说过："不再害怕人变为奴隶，害怕的是我们自己变成机器人。"

附录

梅纽因讲解《管弦乐家族》

开场音乐：巴赫《第三号管弦乐组曲》，梅纽因与巴斯节日室内乐团演奏

弦 乐

这里您所听到的是典型弦乐器的声音。这是由小提琴、中提琴、大提琴和低音提琴所组成的家族，其中的每个成员除了在尺寸大小上有所不同外，其余的部分大抵相同：所有的乐器都含有四条紧绷在琴马上的弦，而琴马可以将弦的振动传递到琴体。以下就是小提琴的四条弦所发出的声音：

空弦示范/梅纽因

如果我用左手按压住某些点来改变琴弦（可振动）的长度，那么我至少还能够再奏出五十个不同的音符。以下是音阶：

音阶示范/梅纽因

而琴弓就好比是演奏者延长的手臂，从难以察觉的弱音，到强烈鲜明、振动耳朵的强音，几乎都能够实现。

渐强渐弱示范：巴赫《第四号组曲》恰空舞曲/梅纽因

我们也可以让琴弓在弦上弹跳，并且以分明的方式用断音或分弓演奏出干涩有力而且低哑的音色。这也就是所谓的“弹跳弓”，用意大利文来说就是“saltallato”。

音乐：萨拉萨蒂《哈巴涅拉舞曲》尾声/梅纽因

另外一个意大利文“martellato”，即所谓的“顿弓”（mattele），指的是短促而清楚分开的琴弓敲击。

音乐：巴赫《G小调组曲》布列舞曲/梅纽因

至于震音（tremolo）指的是颤抖的声音，实际上我们通过让琴弓在弦上快速抖动便可获得这样的声音。

音乐：《伏尔加船夫之歌》/梅纽因

一弦琴（monochord）的作曲家是以琴弓的木质部分来演奏“敲弓”（col legno），他们把琴弓翻转过来，用弓杆敲弦而不是用弓毛。

敲弓示范/梅纽因

带有琴弓的乐器，能够让琴弓同时放在两条弦上，同时拉奏出两个不同的音符，在演奏方式上这就叫作“双音”。

双音示范/梅纽因

当乐谱上指明某一段落需要加弱音器演奏时，小提琴手便在乐器的琴码上固定某种小小的平板牙，它不仅可以减弱声音，还可以使音色变得较为柔和郁抑。

弱音器示范：莫扎特《G大调小提琴协奏曲）慢板/梅纽因

震动中的弦若轻触某个确定的点，便会制造出尖锐的音，这就叫作泛音。这里我们所听到的是空弦所发出的自然泛音，用来区别其中的某一个音是单薄的人工泛音：

自然泛音示范/梅纽因

若要获得人工泛音，那么就必须以指头紧固住琴弦，同时用另一根指头轻掠过确定的位置：

人工泛音示范/梅纽因

小提琴手经常应邀将琴弓置于一旁，而直接以手指头拨弦，这就如同吉他的“拨奏”（pizzicato）。

在帕格尼尼的《心如止水》（*Nel cor piu non mi sento*）中，就结合了拨奏和旋律这两种相互对立的效果。

帕格尼尼《心如止水》/梅纽因

直到现在我们所听到的都是单一小提琴的声音，然而相当数量的小提琴在管弦乐团中齐奏时，会给人相当不同的印象，它们的音质将显得特别绚丽丰富。

播放音乐：勃拉姆斯《第一交响曲》末乐章

我似乎过于关注小提琴，一来这是我演奏得最精湛的乐器，二来大部分在小提琴身上所能列举出来的效果，都可运用于其他的弦乐器。例如中提琴，比小提琴稍微大些，是比小提琴低五度音程的乐器。现在我要让你们先听小提琴的空弦音，再听中提琴的空弦音，接下来是一连串的音符，它可以让你们了解中提琴的音域广度：

小提琴和中提琴空弦示范/梅纽因

中提琴比小提琴来得低沉些，它的音色较为忧郁、圆润：

音乐：莫扎特《交响协奏曲》第二乐章开头部分/梅纽因

然而中提琴却可以表现强烈的情感，例如出现在巴赫《勃兰登堡协奏曲》中的乐句，它要求演奏者必须具备精湛的技巧：

音乐：巴赫《第六号勃兰登堡协奏曲》末乐章/梅纽因与巴斯节日室内乐团

每个人都知道大提琴要比中提琴大得多，而且它的尺寸大到根本不可能被夹在肩膀和下之巴间演奏。先来听一下中提琴的四条弦音，而后是大提琴的四条弦音和音阶：

大提琴空弦及音域示范，之后中提琴空弦示范/匹尼

大提琴的音质无论是在低音或高音，都相当具有表现力：

低音域旋律：舒伯特《未完成交响曲》第一乐章主题/匹尼；高音域旋律：韦伯《邀舞》主题/匹尼

弱音器(sourdine)可以被运用在大提琴上，就像运用在其他的弦乐器上一样：

音乐：韦伯《邀舞》主题/匹尼

而且大提琴本身也同样可以发出泛音：

泛音示范/匹尼

作曲家十分了解如何利用大提琴悦耳的音质，并很乐意赋予它各种不同的旋律，以下是勃拉姆斯为大提琴独奏而写的旋律：

播放音乐：勃拉姆斯《第二号钢琴协奏曲》第三乐章开头

下面是舒伯特《未完成交响曲》中的片断，在这里我们可以听到所有大提琴合奏的乐音：

音乐：舒伯特《未完成交响曲》第一乐章再现部

其实大提琴并非经常有旋律性的曲调可演奏，它平时的角色是用来为其他乐器伴奏的。但无论如何，它总是比低音提琴更有机会成为主角，低音提琴可说是整个弦乐家族中最巨大的乐器，而且具有最低沉的声音。以下你们可以比较大提琴和低音提琴弦音的不同，另外还有低音提琴所给的几个音：

低音提琴空弦及音域示范，并与大提琴空弦相比较

事实上，低音提琴的“拨奏”具有响亮的音质，而且经常被运用在爵士乐中：

音乐：*Sing for your supper*

另外,如果我们在古典乐中听到低音提琴独奏的部分弥漫着争战性的冲突,那么要察觉这个乐器的存在就不会太困难。贝多芬的《第五交响曲》便标示出它独特的风格:

低音提琴单独演奏:贝多芬《第五交响曲》谐谑曲乐章

现在要听的是由整个管弦乐团所演奏的同一段落,请你们集中注意在低音提琴身上,它其实支撑了其他全部的乐器。

音乐:贝多芬《第五交响曲》同一乐章

木管乐器

所有的弦乐器都是木制的,但是我们却不称其为木管乐器(bois)。这个字指的是另一个乐器家族,然而它们却不一定是木制的。无论如何这个字所指的是"管乐器",这是一种在侧面有孔的管筒,演奏者用指头压盖住某些孔并且同时向管中吹气,如此一来便可吹奏出高低不同的音符。现代的长笛衍生自所有乐器中最古老的笛类,在数千年前,原始人便将凿空的骨头拿来演奏,它可发出如下的声音:

原始的哨笛声

到了今天,尽管长笛手仍是往一个孔里吹气以发出声响,但是长笛却已发展成一种相当完美而灵活的乐器。以下就是长笛所吹奏出的音符:

长笛音阶吹奏示范音域

在低音中,长笛也可以拥有宽广而响亮的声音:

低音域音色示范

当往高音走上去时,它的声音会变得更加明亮:

高音域音色示范

下面是比才创作的一组动机，他将长笛清越嘹亮的音质发挥得淋漓尽致：

音乐：比才《卡门》片断

现代的管弦乐团通常配有两支或三支长笛。但如果要演奏柴科夫斯基的《胡桃夹子》当中的这段舞曲，就必须备有三支长笛：

音乐：柴科夫斯基《胡桃夹子组曲·芦笛之舞》

在管弦乐团中，我们常常会让长笛手当中的一位来演奏短笛(petite flote)，这种乐器要比一般的长笛短些、细些，自然，它所发出的声音也比较尖锐：

音阶与音域示范：《胡桃夹子组曲·中国舞曲》主题

短笛几乎是管弦乐团中唯一可以方便地放在口袋中而四处携带的乐器，但如果真要听它所发出的声音，那它绝不至于令人难以察觉：

音乐：罗西尼《塞米拉米德》序曲

单簧管的声音是经由簧片的振动而产生。簧片是一种由芦竹做成的薄板，被固定在乐器的吹嘴上，吹气一来，便可传递出快速且规律的振动。听听单簧管的声音：

音域示范

自莫扎特以来，古典的管弦乐团最常包含两支单簧管，偶尔也会增加到三支。莫扎特非常喜欢这个乐器，并且充分知道它的可能性。以下你所听到的就是莫扎特为单簧管二重奏所作的乐章：第一支单簧管所演奏的是下面的旋律：

莫扎特《第三十九交响曲》稍快板

第二支单簧管在较低的音域中吹奏：

同上/李尔

现在是两者一起合奏：

同上/李尔

这些是低音域的音符，甚至带有缠绕萦回的氛围：

低音域示范：柴科夫斯基《第五交响曲》第一乐章

在较高的音域中，它的音质显得温润而饱满：

音乐：门德尔松《芬加尔洞窟》序曲

以下是长笛和单簧管的二重奏，在乐谱中这两种乐器一起演奏一模一样的音符，然而却显然存在着相当的差距。再没有其他方法能如此清楚地显出二者音色上的差异：

音乐：柴科夫斯基《睡美人·青鸟变奏曲》

低音单簧管是为了要能够吹奏出较为低沉的音符，而且它的尺寸之大，甚至必须将吹嘴弯下来，以及使末端的喇叭口朝上弯成S形钩：

音域示范

有时低音单簧管也有独奏的机会，最有名的是柴科夫斯基在《胡桃夹子》舞曲中为它所作的这组短句：

音乐：《胡桃夹子》糖果仙子主题

叠放在这些音符之上，钢片琴(celesta)的清脆声带来某种神奇的效果：

音乐同上，加上钢片琴及乐团伴奏

双簧管(Hautbois)，顾名思义是含有双重簧片的乐器。这两张由芦竹制成的细簧片紧靠在一起，吹奏者将它们摆放在唇上，而后在薄片之间吹气：

簧片单独吹出的声音

将两张簧片合起来,一头用线绕扎而插入乐器发声:

音域示范

其实双簧管可以轻快地吹奏出极强烈的声音:

音乐:选自普赛尔《号管》中的快速乐段

但也可以显得神秘而忧郁:

音乐:柴科夫斯基《天鹅湖》第二幕

双簧管的音色特别适合具有表现力的旋律,例如舒伯特所创作的这组动机:

音乐:舒伯特《C大调交响曲》

英国管(cor anglais)是一种大双簧管,并且具有低沉的声音。事实上它并不是一种号,也不全都是英国的,似乎也没有任何人知道为什么它会被冠上这个名字。以下我们就来比较英国管的声音和双簧管的不同。

首先是双簧管:

音阶吹奏示范音域

接下来是英国管:

音阶吹奏示范音域

和双簧管完全一样,英国管适合具有表现力的旋律,以下就是德沃夏克的作品:

音乐:《新世界交响曲》慢板乐章

现在让我们来看看大管(basson)。和双簧管一样它也有两个簧片,但它却是长达2.5米的管笛,而且可以发出极为低沉的声音:

音阶音域示范

它也可以发出极为干涩的声响，例如当我们要求它以“断奏”(staccato)的方式演奏时：

断奏示范，主题选自贝多芬《第四交响曲》

当往高音攀升时，它的音质具有令人惊异的饱满度。例如里姆斯基-科萨柯夫在《天方夜谭》中就极力突显这一特色，其中有一段以大管的高音音域所开展的曲调：

高音域示范

随着比才的这组动机，我们再回到低音来：

低音域示范：比才《卡门》

低音大管(contrebasson)有着更为低沉的声音，先听听大管的声音：

大管最低音域示范

再来听低音大管的声音：

低音大管的最低音

当低音大管的应用音域是如此低沉时，我们很容易便可以明白，它其实并没有什么独奏的机会。但是它却为其他乐器提供了深沉而稳固的基础。当它被吹奏时，经常是重复的，我们甚至感觉不到它的存在，但或许它是在一个巨大管弦乐团的基础上演奏，例如下面这个乐段：

音乐：单独吹奏勃拉姆斯《第一交响曲》末乐章低音大管部分

现在看看你是不是可以辨识出，被覆盖在整个交响乐团底层的低音大管：

音乐同上，乐团全体演奏

铜管乐器与萨克斯管

所有的铜管乐器都是金属制的管筒，配有一个吹口，管筒的终端是个喇叭口。每种乐器的长度、大小和形式都不一样。在吹的时候，嘴唇大多是紧闭的，这时管乐家可以在同一长度的管筒中吹奏出相同的音色，而这些恰与小提琴的自然泛音吻合。以下就是从小号中吹奏出来的降 B 音，而且只需要用嘴唇在 145 厘米长的管筒中吹奏即可：

小号降 B 大调泛音列示范

如果以加长 5 厘米的管筒吹奏的话，那么我们可以听到一系列更为低沉的音符：

A 大调泛音列示范

尽管管筒的长度会影响声音的高低，小号手所能掌握和选择的音域仍然相当有限，所以作曲者也受到同样的限制，因此贝多芬便写了如下的小号独奏，它只局限在由同一长度的管筒所吹奏出来的嘹亮音符：

音乐：单独吹奏贝多芬《莱奥诺拉序曲》第三首小号部分

直到铜管乐器的直升式活塞发明后，也就是大约在 1820 年，作曲家才逐渐能将铜管乐器纳入创作的编制中。所以活塞改变了一切，现代的小号配有三个活塞，每一个都像是不同长度的管筒。事实上三个活塞的组合，在小号手的支配下可以拥有七种不同的长度，而且可以在瞬间内相互移转到彼此身上，下面的乐曲就只能够以所谓正常的小号来吹奏：

音乐：单独吹奏斯特拉文斯基《彼得鲁什卡》中的小号部分

小号音质响亮，在管弦乐团中极易取得主导的地位：

两支小号在全体乐团中吹奏：柴科夫斯基《罗密欧与朱丽叶》幻想序曲

但是我们并不总是要它吹奏出如此强烈的音符，在喇叭口塞入弱音器便可减弱音量，并且可转变音色，先听听不加弱音器的一段小号声：

乐句示范

再听装有一般弱音器的声音：

同一乐句加弱音器的示范

以下是加装帽形弱音器的声音：

乐段示范

再下是装上“哇哇”(ouah-ouah)弱音器的声音：

乐段示范

现代的作曲家非常乐意使用小号声音塞住时所造成的特殊效果，而且这种表达有时会给人不安的感受。听听下面这两支小号的声音：

音乐：巴托克《管弦乐协奏曲》

长号(trombone)和小号一样，也有一个圆柱的口，渐渐伸展成钟形。但是取代活塞的是它以“伸缩管”(coulisse)来延伸或缩短管筒的长度：

音域示范

伸缩管可以让一个音符滑到另一个音符，这种效果称作“滑奏”(glissando)：

滑奏示范

长号和其他铜管乐器一样，也可以加装弱音器：

弱音示范

以下你将听到的是北方的长号,交响乐团习惯配备两支长号。长号是极富活力的乐器,而且它的伸缩幅度并不会妨碍它演奏快速的乐句:

音乐:德里布《葛佩利亚》中的玛祖卡舞曲

三支长号显示出力度,一种壮丽的音响效果:

音乐:瓦格纳《唐豪瑟》序曲

现代的圆号(Frech horn)是由长约三米的圆锥形管筒朝自身的方向卷成。它备有和小号一样的活塞系统,如此一来圆号吹奏者便可和小号手一样,以连接吹嘴和活塞的方式吹出不同的音符:

音阶示范

圆号的形式以及吹奏它的姿势,使得我们能够将手放入喇叭口里,这是为了达成堵塞声音的效果:

开放音吹奏示范,接着是阻塞音吹奏示范

如果圆号吹奏者强力地吹气的话,那么被堵塞的声音就会变得特别洪亮:

闭塞音强奏示范

半音阶的圆号,是比(不用活塞的)狩猎号更臻完美的声音。在未备有活塞之前,圆号就以活塞号的形式在管弦乐团中出现,它所受到的限制和一般古老的小号一样。作曲家也只能局限在乐器本身所能发出的几个声音上。

音乐:贝多芬《英雄交响曲》中间乐段

有三支圆号一起演奏这段乐曲,但这里听到的是一段圆号独奏的旋律,相当轻柔而具表现力:

音乐:柴科夫斯基《第五号交响曲》如歌的行板

实在没有任何其他的乐句更能清楚地用于示范讲解,而且还能显示出半音阶圆号的特色。这边我们有另一个例子,或许更具代表性。它的乐句要求使用活塞,以保有狩猎号的古老响度:

音乐:理查·施特劳斯《蒂尔的恶作剧》中圆号的部分

大号(tuba)是铜管乐器中最巨大的一个,而且负有给予最低沉音符的职责:

音域示范:瓦格纳《名歌手》序曲

大号向来是用于加强低音声部,很少有独奏的机会。但是在拉威尔编曲(穆索尔斯基原作)的《图画展览会》中它却被赋予戏剧化的表现:

音乐:《图画展览会》"波兰农村牛车"

最后一项铜管乐器是萨克斯管(saxophone),严格说来,它并非铜管家族的乐器,而比较像是木管家族乐器。它和单簧管一样都配有一个簧片,音符则是由演奏者手指在管洞上的闭或开所决定:

音域示范

萨克斯管的音质特别为法国的作曲家所珍视,尤其是比才,他为后人留下了下面这一段有名的独奏乐段:

音乐:比才《阿莱城的姑娘》序曲

竖琴、钢片琴与打击乐器

很少有乐器像竖琴那么古老。尽管如此,直到现行的踏板系统发明后，也就是一个半世纪之前，竖琴才被纳入管弦乐队中。这一踏板系统的发明，使得四十七根弦中的每一根弦都能够发出三个音，在演奏时，脚部忙碌的程度不下于手指；

1. 四十七根弦拨弦音域示范；2. 踏板加入后的和弦示范；3. 全音音阶示范；4. 靠近音板示范

竖琴中最具特色的滑奏，是以手指头快速地擦拨相当数量的弦：

滑奏示范

竖琴和所有的弦乐器都很相似，如果我们按压某个确定的点来制止琴弦的振动，那么它同样也会产生泛音：

泛音示范

以下就是选自里姆斯基-科萨柯夫《西班牙随想曲》中的竖琴独奏：

独奏音乐示范

钢片琴的外形有点类似于小型钢琴，它是由钢制的薄片配置而成，可利用琴槌敲击而发出清脆响亮的声音：

音乐：《胡桃夹子》糖果仙子之舞中钢片琴的演奏

通常打击乐器是指一些用手拍击或摇动的乐器，它的基本角色是标示节奏，并且增添某些乐句的特色。其中有许多乐器是来自军乐，例如定音鼓。它本来是骑兵部队的乐器，由两个半球形的鼓所组成，并且垂挂在骑兵的两侧。事实上，两个、三个或四个定音鼓的游戏能给予乐曲不同的气氛，现在的管弦乐团就在这种游戏的形式下，愈来愈加重打击乐器的分量：

三个定音鼓示范

其实定音鼓可以随着乐谱上的需要而调整高低音，我们可以旋紧或放松安置在周边的螺丝，也可以利用踏板来调整鼓面的张力。当然踏板还可运用在“滑奏”中：

滑奏示范

定音鼓具有各种细致的变化和极大的可能性，它能够酝酿出富有层次感的声音，从隆隆的巨响到极为轻柔的声音都有可能，让我们听听柏辽兹的《幻想交响曲》中从进行曲到痛苦哀怜的起承转折：

音乐：《幻想交响曲》“走向断头台”开头

大鼓(grosse caisse)也是直接源自军乐，它能够制造低沉的声响，并且能够模仿传至远方的雷声和大炮声：

大鼓急速交替连击与单击

另一个来自军中的乐器是小鼓(caisse claire)，它和一般的鼓十分相近，这种乐器的底部紧绷着几条金属制的弦或动物的肠线，当我们敲击上面的鼓面时，这些弦便会借由共鸣箱而振动，由此发出干涩而断裂的音质：

小鼓交替连击与单击

演奏钹(cymbales)的方式有好几种，首先我们可以将它们相互碰撞，这就如同下面所示范的声音：

撞击

也可以把一面钹悬在空中击打：

悬吊并以鼓槌敲击，最弱到最强音的快速连击

或者是以两者的边缘轻轻擦碰，这可以制造出较为柔和而几乎难以察觉的声音：

钹缘擦击

也可用分击或是以连续的方式来敲打三角铁(triangle)：

单击与连击

现在听到的便是锣(gong),它是由宽而重的金属圆盘所制成:

连击与单击

另外还有两种经常伴随着舞蹈的乐器:铃鼓和响板。铃鼓(tambour de Basque)是一种非常小的鼓,它的鼓身系着铃铛,而且只在一面覆上鼓皮。此外它可以轮流地被敲击或摇动:

敲击与摇动

也可以在膝盖上拍打:

示范

而另一种演奏的方式,是以拇指沿着鼓缘向前移动摩擦,借助鼓皮与指尖的摩擦力来振动乐器:

手指震音

响板(castagnettes)是由两片贝壳状的硬木,用绳子连在一起,使得被凿空的部分能够互相对应撞击:

示范

但是如果这两片贝壳状的硬木当中有一片是平的,并且系上皮制的狭长带子,那么便形成马鞭梢(fouet),它所发出的响声是相当响亮的:

示范

许多敲击乐器都是源自拉丁美洲,如沙球(maraca),它其实和小孩的玩具没什么两样。另外有葫芦制成的响瓠(calelbasses),我们可以用木棍敲打使其发声,而古巴与安第斯群岛所用的圆筒状音棒(claves)可被置于掌中相击从而产生共鸣,以下就是这些乐器以南美洲特有的节奏共同发出的声音:

三种乐器齐奏，加上马林巴琴

在这一段乐曲的最后，是马林巴琴（marimba）的演奏，但它并非是唯一能串联旋律的打击乐器。另外还有木琴，它是一种木制薄片组成的，而且能够做适当的调音：

木琴演奏片段

至于用锤敲击金属振片的颤音琴（vibraphone），也几乎是以和马林巴琴同样的方式演奏，它借助一种旋转的技巧，可以为声音增添更加生动活泼的重音：

颤音琴演奏片段

在亚洲和非洲的一些地区，我们也可以找到许多和木琴类似的乐器。但其实无须到那么远的地方，在我们的管弦乐团中，便可找到钟琴（glockenspiel）和一些可取代木头的金属薄片，而且钟琴的声音就像排钟（carillon），具有相当清亮的音质：

钟琴演奏片段

管状的排钟，通常配有巨大尺寸的组成元素，它其实和大钟所发出的声音极为相近：

排钟演奏片段

通过这些例子，我们完整地见识了管弦乐队中的所有乐器，对管弦乐队家族算是有了一个基本的认识。